Ramón Santelices Tello

Cooperativas habitacionais

Agentes para a superação da pobreza

ScienciaScripts

Imprint
Any brand names and product names mentioned in this book are subject to trademark, brand or patent protection and are trademarks or registered trademarks of their respective holders. The use of brand names, product names, common names, trade names, product descriptions etc. even without a particular marking in this work is in no way to be construed to mean that such names may be regarded as unrestricted in respect of trademark and brand protection legislation and could thus be used by anyone.

Cover image: www.ingimage.com

This book is a translation from the original published under ISBN 978-620-4-75277-8.

Publisher:
Sciencia Scripts
is a trademark of
Dodo Books Indian Ocean Ltd. and OmniScriptum S.R.L publishing group

120 High Road, East Finchley, London, N2 9ED, United Kingdom
Str. Armeneasca 28/1, office 1, Chisinau MD-2012, Republic of Moldova, Europe
Printed at: see last page
ISBN: 978-620-5-83580-7

COOPERATIVAS HABITACIONAIS - AGENTES PARA A SUPERAÇÃO DA POBREZA

Nome do autor Ramón Santelices Tello

Tradutora: Caroline Escher Brockie

Prefácio

Este ensaio inclui três comunicações que apresentei recentemente em conferências internacionais de investigação cooperativa que se realizaram entre Dezembro de 2021 e Novembro de 2022, como parte da actividade da Aliança Cooperativa Internacional, ACI.

Foram desenvolvidas a partir da perspectiva filosófica dos temas, incluindo na análise hermenêutica dos fenómenos pesquisados características que incorporam a práxis adquirida durante 60 anos de actividade profissional de gestão de cooperativas habitacionais nos sectores privado e público, local e internacional.

Os documentos são apresentados em capítulos separados nesta compilação, e o seu principal objectivo é investigar, com a actual agência de grandes cooperativas habitacionais no mesmo local, no Chile, o nível de conformidade ou grau de aplicação de alguns dos sete princípios e concepções éticas cooperativas que lhes dão sentido e que são definidas na organização mundial que as agrupa.

Gostaria de salientar que o significado descrito em cada caso é válido universalmente, mas as características singulares da sua agência não o são, embora se possam observar coincidências que permitam identificá-las como cooperativas e revelar as suas falhas e os ajustamentos essenciais necessários para *aggiornar o* seu reconhecimento como tal.

O primeiro capítulo "Cooperativas habitacionais - agentes para vencer a pobreza" é um documento apresentado na Conferência sobre Cooperativas e Economia Solidária organizada pela ACI e pelo Instituto Africano de

Cooperativas da SA Co-operative LTD em Joanesburgo, em Novembro de 2022. É uma análise da estreita relação entre o sétimo princípio cooperativo da *"Preocupação com a comunidade"*. *As cooperativas trabalham em prol do desenvolvimento sustentável das suas comunidades através de políticas aprovadas pelos seus membros".* (ACI, 2015, 91) e o primeiro SDG da Agenda 2030, que é *"Vencer a pobreza".*

A descrição de alguns dados gerais para informar o leitor sobre a composição das características socioeconómicas locais e uma descrição do significado multidimensional do fenómeno da pobreza, mais os resultados de um inquérito ad hoc aos membros utilizadores especialmente realizado para este trabalho trazem elementos significativos à tabela para responder à questão de saber se as grandes cooperativas habitacionais (abertas, em nomenclatura local) pela sua actividade são agentes que contribuem para o cumprimento por parte das cooperativas da primeira SDG da Agenda 2030 sobre a superação da pobreza e do sétimo princípio cooperativo acima referido. Os pobres são sujeitos da cooperativa tanto como actores como como objectivos.

O segundo capítulo "Housing cooperatives in Chile, cooperative principles and SDG" é um documento que apresentei na Conferência Europeia de Investigação em Atenas, como parte do programa da ACI, CCR, e a Universidade Panteion de Ciências Sociais e Políticas em Julho de 2022, com o tema principal intitulado: "Repensar as cooperativas: Do local para o global e do passado para o futuro".

Apresento um olhar analítico sobre alguns princípios e o seu significado nas grandes cooperativas habitacionais no Chile, considerando que as dificuldades numa sociedade que dá prioridade ao retorno sobre a equidade, colocando o desenvolvimento económico e o crescimento acima de todos os outros interesses, não proporcionam o ambiente mais propício para a existência de empresas cooperativas de natureza associativa.

Uma cooperativa é identificada precisamente pelo facto de o seu primeiro princípio ser uma associação cujo objectivo é a pessoa e a satisfação das suas necessidades.

O terceiro capítulo, "Ética discursiva da responsabilidade social cooperativa" é uma comunicação que apresentei na Conferência de Investigação Cooperativa do XXXIII Congresso Mundial de Cooperativas realizado em Dezembro de 2021 em Seul, Coreia.

Nesta análise proponho que a ética cooperativa é discursiva pela própria natureza da associatividade cooperativa e pelos princípios que sustentam a sua existência, e é formulada em acção comunicativa com a participação de todas as vozes que compõem a sua estrutura e gestão empresarial, bem como dos parceiros afectados na sua agência.

Devido ao amável convite da Lambert Academic Publishing da Moldávia, a quem gostaria de agradecer, posso publicar esta pesquisa que realizei no extremo sul do mundo e apresentei em centros académicos da Europa, África e Ásia, na esperança de contribuir para a procura contínua dos últimos conhecimentos sobre o significado do fenómeno cooperativo para a criação de um mundo melhor.

Ramón Santelices Tello

Licenciatura em Filosofia

CONTEÚDO

CAPÍTULO 1

Cooperativas habitacionais - agentes para a superação da pobreza

Abstrato

A ACI apelou às cooperativas para assumirem o compromisso de incluir os ODS nos objectivos da Agenda 2030. A primeira é Vencer a pobreza. A pobreza é multidimensional; as grandes cooperativas habitacionais no Chile são agentes para a superação da pobreza? A resposta é procurada num inquérito sobre a percepção dos beneficiários das cooperativas habitacionais, descrevendo brevemente a pobreza multidimensional, a situação geral, o défice habitacional no Chile, e a responsabilidade social cooperativa.

1. Palavras-chave.

Pobreza multidimensional, défice habitacional, SDG, cooperativa habitacional, responsabilidade social cooperativa.

2. Hipótese

As grandes cooperativas habitacionais e cooperativas de aluguer de casas no Chile são agentes que ajudam os seus membros a superar a sua pobreza multidimensional, PM, o primeiro SDG da Agenda 2030, em conformidade com os princípios cooperativos e a orientação da ACI.

3. Breve descrição do problema

3.1. Informação geral

O Chile, um país no extremo sul da América do Sul, tem uma população de 19.100.000 habitantes, 88,4% urbana, e 11,6% rural (INE B,11), incluindo 1.500.000 imigrantes que chegaram na última década.

O índice de envelhecimento é de 68,5 mais de 64 anos para cada 100 abaixo dos 15 anos de idade; a Taxa de Fertilidade é de 1,4 filhos por mulher, um baixo nível de mortalidade, e uma esperança de vida ao nascer de 81,2 anos (INE). O PIB per capita a preços internacionais é de US$29.100 (Banco Mundial). O índice GINI para o Chile era de 0,58 em 1998 (Robles, 13), e é agora de 0,47 (Jordán, 171), uma desigualdade perceptível na dimensão monetária, acesso a bens, e capacidades que restringem a realização de direitos (Jordán, 155).

Os 5 deciles da população com o rendimento mais baixo, objecto principal da actividade das cooperativas habitacionais, têm um rendimento familiar mensal de até CL$810.000 equivalente a US$ 900, o que é inferior à média nacional de CL$ 1.010.000 equivalente a US$ 1.120. (INE)

Segundo o inquérito CASEN, o decil I de rendimento independente per capita por família obtém 1,1% do rendimento total das famílias no país, enquanto o decil X atinge 35,2%; 80% recebe 49,2% do rendimento no país, enquanto os decil IX e X concentram 50,8%. (García Bernal, 1) Em termos de indicadores de desigualdade, o índice 10/10 mostra que o rendimento recebido por 10% dos agregados com o rendimento mais elevado é 30,8 vezes o rendimento correspondente a 10% dos agregados com rendimento mais baixo.

A distribuição desigual dos rendimentos é um sinal social de pobreza.

3.2. Descrição da pobreza habitacional

O défice habitacional é de 740.000 casas, 72% deste défice afecta as famílias de baixos rendimentos. (CCHC, 2020, 84)

99,9% das casas urbanas são abastecidas com água potável, e 97% dispõem de sistemas de esgotos.

Desde os anos 90, foi construída uma média anual de 96.000 casas com recursos públicos e privados ou financeiros públicos, destinadas a famílias socialmente vulneráveis, incluindo as que estão localizadas em assentamentos precários, pobres e de classe média, incorporando políticas de participação socioeconómica e de integração das famílias. *Esta política incluiu um processo de candidatura pelos potenciais beneficiários de subsídios e casas, exigindo na maioria dos casos um nível de poupança por parte dos candidatos.* (Robles, 59).

Ao manter o investimento e as políticas públicas coerentes com um esforço público e privado crescente nos últimos 40 anos, foi possível reduzir o défice habitacional até meados da última década, mas nos últimos cinco anos o défice cresceu; o investimento sectorial médio anual no orçamento governamental para esse período foi superior a 2.500.000.000 USD.

A CEPAL afirma sistematicamente que uma das desigualdades na América Latina, incluindo o Chile, se expressa na disparidade espacial observada nas condições de vida da população em diferentes territórios (Jordán, 41). Uma das suas expressões é o modelo de bairros residenciais altamente segregados.

4. Relevância das Cooperativas de Habitação

A relevância e o papel das cooperativas habitacionais na Europa, Estados Unidos, Japão, Rússia, e outros, foram descritos magistralmente por John Birchall em várias das suas publicações.

A descrição do professor cooperativista britânico aplica-se no Chile em pelo menos três aspectos:

1° *"Uma das necessidades mais importantes é a habitação, e aqui as cooperativas de habitação preencheram um nicho importante, embora raramente alcancem uma posição dominante num mercado imobiliário".* (Birchall, 2011, 90).

Toda a construção de habitação protegida ou social e organização dos beneficiários é uma actividade privada, embora o Estado financie 100% da habitação para os sectores da população dos 4 deciles mais pobres.

10% do desenvolvimento e construção de habitação que tem alguma participação estatal no seu financiamento é executado por cooperativas de habitação e outras entidades sem fins lucrativos para habitação, confirmando a certeza da afirmação de Birchall;

9

2° a cooperativa habitacional "*tende a desenvolver-se entre famílias compostas por pessoas com rendimentos baixos a médios como alternativa à propriedade ou ao arrendamento*".

A cooperativa oferece aos seus membros algumas vantagens básicas relativamente ao que o mercado oferece: não só oferece habitação adequada à capacidade dos membros para comprar e manter essa habitação e planos de poupança assistidos pela cooperativa, como também organiza os seus membros para: aceder a um subsídio habitacional; poupar metodicamente; ser elegível para uma hipoteca a que apenas 48% das famílias do país têm acesso (CCHC, 202, 176); desenvolver a vida comunitária; manter o seu meio envolvente e ambiente, e utilizar a rede social para superar a pobreza de uma forma solidária.

3° Que a cooperativa considera as pessoas como o centro da sua actividade, e não a rentabilidade do investimento, que também lhe preocupa, procurando melhorar a vida dos seus membros tendo sempre presente que "*o valor de uma casa está intimamente relacionado com a qualidade da sua envolvente num edifício de apartamentos ou num bairro. A habitação pode ser de boa qualidade em si, mas se o ambiente não for seguro, perde o seu valor de utilização para o residente. As cooperativas habitacionais oferecem uma forma única de controlo colectivo do ambiente*" (Birchall, 2011, 91).

Também se preocupa com a organização da comunidade e a inserção nos arredores da cidade, porque a habitação como elemento para superar a pobreza só cumpre este papel ao fazer parte de um trabalho multidisciplinar complexo que abrange a pobreza multidimensional particular de cada membro do grupo que compõe cada programa ou subdivisão cooperativa.

Os grupos cooperativos são social, económica e culturalmente heterogéneos, porque a superação da pobreza requer a superação da segregação para ter acesso aos benefícios que o Estado e a sociedade oferecem. Se as cooperativas habitacionais procuram este objectivo, têm de orientar a sua actividade e a dos seus membros no sentido de estarem *"dispostas a cooperar como uma forma mais inteligente de sobreviver, e sobreviver bem"* (Cortina, 78).

Ao aceitar a participação das cooperativas na realização das ODS na Agenda 2030, é preciso ter em conta que a pobreza é um fenómeno multidimensional, particularmente devido à singularidade das dimensões locais que afectam cada pessoa. Uma coisa que todas têm em comum é que *"infelizmente, na sociedade contratualista e cooperativa de intercâmbio está excluída a radicalmente estranha, a que não entra no jogo de intercâmbio, porque não parece ser capaz de oferecer qualquer benefício em troca. Essa é a pessoa pobre em todas as esferas da vida social"* (Cotina, 80), ou seja o *άπορέω*, o que significa não só não ter, mas também não saber o que tem ao seu alcance para aceder ao que é do seu interesse ser.

Nesta análise, as cooperativas assumem a obrigação de responder à sociedade realizando esta actividade sem esperar reciprocidade por parte do beneficiário.

"Ao receber a sua existência da autorização da sociedade para cumprir um papel específico com um determinado objectivo num determinado lugar, as suas decisões e acções devem visar o cumprimento do seu papel nas condições apropriadas, com a estrutura de bens e serviços que justificam a sua existência. A empresa ética (cooperativa) é obrigada a responder no seu processo, com a qualidade e oportunidade das suas acções, a todos os interlocutores válidos que lhe estão relacionados".

"A sua responsabilidade é exigível por terceiros. A responsabilidade social da empresa é o que deve responder à sociedade, porque é necessária como condição para desenvolver o seu processo permanente" (Santelices, 2019 B 89)

5. Integração sócio-espacial

As suas cidades são abertamente segregadas, e os sectores habitados pelas famílias mais vulneráveis são os que estão equipados com menos serviços como parques e áreas verdes, recreação e lazer, equipamento escolar, saúde, serviços cívicos, mobiliário urbano, transportes públicos, e segurança.

As cooperativas têm sido pioneiras na participação no desenvolvimento de projectos estatais de integração social sectorial, incluindo casas de preços diferentes nas subdivisões que constroem ou arrendam, atribuindo até 30% às famílias do segmento dos 3 deciles de rendimento mais vulneráveis. Isto pressupõe que antes da construção organiza e integra famílias de diferentes níveis de rendimento.

O fenómeno da pobreza é agravado pela segregação social urbana, restringindo as pessoas por carências semelhantes às das pessoas nas suas redes; a formação e educação cooperativa permite a sua integração numa comunidade e num novo bairro numa comunidade heterogénea, tornando mais fácil a melhoria dos mais vulneráveis.

O significado das cooperativas habitacionais difere radicalmente das políticas neoliberais, devido à sua capacidade e interacção com as dimensões socioculturais da sociedade local numa relação entre a sociedade e a comunidade para além da única dimensão da rentabilidade económica (Salvatori, 201, 7), que poderíamos resumir no conceito de "Inovação Social" de David Cameron.

A "inovação social" das cooperativas, é descrita por Salvatori (Salvatori, 2011, 9) como subsidiariedade instrumental; empresa responsável e inovação omnipresente, considerando as diferentes dimensões incluídas na sua actividade que considera não só o resultado mas também a realidade das pessoas afectadas e o significado do agente cooperativo.

Contribuindo para a superação da perspectiva da sua acção em três dimensões - económica, social, e sustentável. As cooperativas obedecem a regras rigorosas de protecção ambiental. Há mais de 25 anos que se submetem às autoridades locais responsáveis pela protecção do Ambiente com uma rigorosa Declaração de Impacto Ambiental para cada nova urbanização, incluindo todas as atenuações necessárias para anular os impactos negativos.

São cumpridas exigências rigorosas que asseguram qualidade de vida aos novos residentes devido à proximidade e fácil acesso ao equipamento das escolas públicas, serviços de saúde, centros cívicos, transportes públicos, estradas de acesso na cidade, e outros serviços.

6. Vencer a pobreza

6.1. A ACI, como órgão representativo de todas as cooperativas do mundo nas suas relações com organismos internacionais, e os seus fóruns regionais, comprometeu-as como agentes para a realização dos ODS na Agenda 2030, considerando que desde o início os seus membros promoveram a realização desses objectivos nas suas comunidades, cidades, e áreas de influência, e relações empresariais e sociais. O primeiro desses objectivos é a *superação da pobreza.*

As cooperativas são identificadas pela sociedade internacional na literatura especializada como trabalhando principalmente para sectores de baixa e média renda, o que transforma essa característica na espinha dorsal da sua ética.

6.2 Como se identifica a pobreza no Chile?

O mandato recebido da ACI para responder pelo seu significado cooperativo como agente na superação da pobreza, torna necessário identificar a pobreza na sociedade onde cada um desenvolve as suas actividades, particularmente na esfera da sociedade onde a sua actividade social e económica tem lugar.

Identificando essa pobreza e especificamente os pobres que dela sofrem, cada cooperativa será capaz de medir se está realmente a contribuir para a sua superação. A este respeito, haverá resultados se as pessoas sentirem que estão fora do círculo da pobreza, como resultado do serviço recebido da cooperativa.

13

O advogado Dr. Leonardo Moreno, professor nas universidades do Chile e Espanha, diz: *"A pobreza exprime-se em insatisfação ou falta de satisfação em diferentes áreas, simultânea ou sequencialmente, que são geralmente descritas e catalogadas como necessidades, capacidades ou direitos centrais para o bem-estar e desenvolvimento, como educação, saúde, habitação, trabalho ou participação, entre outros. Para compreender a extensão e profundidade das experiências de pobreza e para o desenvolvimento de políticas sociais, não só é importante cada uma das dimensões afectadas, mas também a interacção que ocorre entre elas".* (Moreno, 3) Moreno cita MacNeef dizendo que *"a pobreza não é apenas uma falta de "ter", a maior ênfase da pobreza actual concentra-se nas graves restrições que as pessoas enfrentam nas categorias existenciais de "ser" e "fazer".* MacNeef afasta-nos da concepção inequívoca de pobreza medida pelos índices monetários da falta de acesso ao "ter" porque *"as necessidades humanas podem ser desagregadas de acordo com múltiplos critérios, e as ciências humanas oferecem uma vasta e variada literatura sobre esse assunto. Neste documento, dois possíveis critérios de desagregação são combinados: de acordo com categorias existenciais e de acordo com categorias axiológicas. Esta combinação permite operar com uma classificação que inclui, por um lado, as necessidades de Ser, Ter e Fazer; e, por outro lado, as necessidades de Subsistência, Protecção, Compreensão do afecto, Participação, Lazer, Criação, Identidade, e Liberdade".* *(MacNeef, 41* De acordo com Moreno e MacNeef, o fenómeno do MP implica que ser um agente colaborador na sua superação supõe que cada cooperativa deve confrontar-se com a realização deste objectivo em colaboração com outras de natureza diferente, a fim de complementar as dimensões de pobreza que estão a ser ultrapassadas, acrescentando outros agentes privados, cuja actividade está limitada noutras esferas, à acção do Estado e, acima de tudo, acrescentando a participação das partes afectadas. Isto dá especial validade ao sétimo princípio cooperativo: *"Preocupação com a comunidade".* As *cooperativas trabalham em prol do desenvolvimento sustentável das suas comunidades através de políticas aprovadas pelos seus membros"*. (ICA, 2015, 91). No caso em análise, isto exige que sejamos agentes de superação da pobreza numa comunidade, considerando o trabalho de outros agentes públicos e privados a que os nossos membros possam ter acesso, se cumprirem os requisitos e formalidades envolvidos na acção directa e colaboração solidária da cooperativa.

Encontramos esta mesma concepção de deputado na orientação fornecida pelo nosso órgão representativo mundial quando explica este princípio acordado na Assembleia em Manchester em 1995, orientando-nos com o conceito de *"desenvolvimento sustentável"* desenvolvido desde 1987 por Bruntland, que estabelece o desafio de satisfazer as necessidades presentes sem comprometer a capacidade das gerações futuras, referindo-se em particular às necessidades dos *pobres do mundo, aos quais deve ser concedida a prioridade principal"*. (ICA, 2015, 92). Quando se diz às Cooperativas que são agentes de superação da pobreza devido à sua actividade, é necessário um compromisso ético porque *"Este princípio abraça a preocupação do movimento cooperativo e o compromisso de trabalhar para alcançar um desenvolvimento social, económico e ambiental que beneficie as comunidades e os membros das cooperativas"*. (ICA, 2015, 94). Isto recorda às entidades membros o compromisso de trabalhar primeiro em benefício das comunidades e depois em benefício dos membros. É a concepção da prioridade do "outro-eu" em relação a si próprio que encontramos em Gadamer e Ricoeur. O compromisso deste princípio guia-nos para a solução do défice habitacional dos membros como centro da obrigação de serem agentes de superação do deputado, porque supostamente contribuímos para que a habitação seja um bem básico que os catapultará para o acesso a outras capacidades ou direitos como a educação dos seus filhos e a sua própria formação, saúde, trabalho, artes, lazer, desporto, vida familiar, comunidade, participação cívica local e política, e redes sociais que os ligam aos benefícios que o Estado e os seus vizinhos constroem como um bem comum.

A orientação que cada uma das cooperativas recebe é muito clara: *"Esta dimensão social do desenvolvimento sustentável é algo que a natureza única da empresa cooperativa tem a capacidade de alcançar".* (ICA, 2015, 94). Além disso, Birchall defende que a característica de as cooperativas não serem motivadas pela máxima rentabilidade mas terem como objectivos o serviço comunitário e a satisfação das necessidades dos seus membros, pode ser uma das razões para a sua longa vida.

Esta concepção de deputado foi adoptada pelo Estado para determinar políticas públicas destinadas a vencer a pobreza e medi-la.

"O Estudo CASEN de 2013 elaborado pelo Ministério do Desenvolvimento Social, que mede a incidência da pobreza no Chile, incluiu duas importantes novidades: a linha de pobreza por rendimento foi actualizada de acordo com novos parâmetros de consumo da população para 2009 e foi estabelecida uma nova metodologia para medir o rendimento em diferentes dimensões, como a saúde, educação, habitação, trabalho e segurança social, denominada Medição Multidimensional da Pobreza (MPM).

De acordo com a nova linha de pobreza por rendimento, a pobreza aumentou para 14,4% da população nacional em 2013, enquanto que o deputado afectou 20,4% dos chilenos (Moreno 1).

A medição mais refinada da pobreza superando variáveis meramente monetárias e do "ter" permitiu revelar a pobreza que estava escondida sob essas quatro dimensões e o facto de que essas famílias podiam ter acesso a subsídios estatais.

As famílias vulneráveis levam vários anos a superar índices negativos de deputados devido à natureza precária e frágil das suas condições.

6.3 Será que as grandes cooperativas habitacionais e as cooperativas de arrendamento de habitação são agentes para a superação da pobreza?

Quando os membros entram numa cooperativa habitacional, todos eles preenchem condições de pobreza com diferentes níveis de severidade.

A superação da pobreza é um processo e não um acto, é o resultado positivo de uma série de acções sucessivas ao longo do tempo que supõem aprendizagem e mudanças no sentido da vida, não só dos próprios beneficiários, mas do ambiente em que vivem ou do ambiente em que se estão a juntar. A pobreza é da responsabilidade da sociedade que os exclui e os marginaliza, não daqueles que a sofrem.

A cooperativa assegura aos seus membros o acesso a habitação digna que preencha as condições de materialidade e localização que lhes permitam ultrapassar a falta na dimensão de habitabilidade da sua pobreza, para que possam também ter acesso aos meios que lhes permitam ultrapassar as deficiências nas outras dimensões mencionadas.

Treina-os a organizar a sua vida familiar e comunitária de forma solidária, a fim de progredir na superação do deputado.

A fim de saber se os membros que adquiriram ou alugaram habitação superaram a pobreza com uma casa cooperativa, optei por lhes perguntar se eles perceberam que eles e a sua família, com acesso a uma habitação decente, estão a superar a pobreza ou a melhorar a sua qualidade de vida, reduzindo as suas carências nas outras dimensões da pobreza, não considerando a habitação.

7. Demonstração empírica da hipótese

7.1. Descrição do instrumento de medição

Para provar a hipótese indicada no início, o inquérito em anexo foi distribuído através da Plataforma Internacional **Mailchimp** a 7.000 membros que adquiriram as suas casas a grandes cooperativas habitacionais entre 2002 e 2017 e a 98 inquilinos.

Foram recebidas 277 respostas de 83 subdivisões cooperativas localizadas em 24 comunidades em 6 regiões do país. O inquérito contém perguntas básicas, a fim de facilitar o processo de resposta.

Deve ter-se em conta que os membros culturais da cooperativa não reconhecem a sua situação de pobreza nas relações com terceiros, embora sofram com isso nas suas famílias. A pobreza é um factor de derrogação social nos seus círculos e de segregação social em geral, a que Cortina chama *Aporofobia* (Cortina, 23).

O objectivo do inquérito foi-lhes comunicado da seguinte forma:

"Como parte de um estudo sobre cooperativas de habitação, precisamos de conhecer a sua opinião sobre como a obtenção da sua própria casa influenciou a sua qualidade de vida. Por conseguinte, convidamo-lo a responder a seis perguntas simples, que nos ajudarão a saber mais sobre o impacto do cooperativismo".

208 respostas correspondiam a membros que adquiriram a sua casa entre 2012 e 2017; 58 delas fizeram-no entre 2002 e 2011, e 11 eram inquilinos.

Cada um dos programas corresponde a um desenvolvimento urbano de 120 a 300 casas, com um bom padrão de urbanização e acesso a diferentes serviços de acordo com o padrão exigido no Chile, facilitando a superação de várias dimensões do MP.

7.2. Objectivo do Instrumento

A intenção deste inquérito é descobrir a percepção do inquirido sobre se a casa cooperativa o ajudou a ultrapassar o seu deputado ou em que dimensões, o que não permite concluir se ultrapassou ou não a pobreza, apenas para concluir como é que ele percebe que a casa o ajudou.

A percepção das pessoas envolvidas é relevante na medida em que determina e dá sentido à sua atitude sobre a participação no processo. Tentei medir se ele/ela percebia que a casa cooperativa o ajudou a superar a pobreza nas seguintes dimensões: educação; saúde; conectividade; segurança; relações comunitárias; e lidar melhor com as restrições da pandemia do que teria na sua residência anterior.

7.3 Resultados do inquérito para cada dimensão

21% dos proprietários e 64% dos inquilinos responderam que a casa cooperativa os ajudou em todas as dimensões mencionadas, e 8% dos proprietários responderam que não os ajudou em nenhuma dimensão. Mais de 82% dos inquilinos aperceberam-se de melhorias em cada uma das dimensões em comparação com a sua situação na sua residência anterior.

7.3.1. Pergunta 1: A aquisição da sua própria casa permitiu-lhe a si e à sua família melhorar o acesso à educação?

36% pensavam que a casa lhes permitia melhorar o acesso à educação da sua família, e 64% pensavam que não lhes permitia melhorar esse acesso, o que pode ser explicado pela extensa cobertura das políticas públicas de educação. Apenas 8,1% das casas urbanas estão a mais de 2,5 Km de um edifício escolar (CCHC, 2020, 130). A escolaridade é obrigatória durante 12 anos de escola e 2 anos de pré-escola.

7.3.2. Pergunta 2: Tinha melhor conectividade e disponibilidade de serviços com a sua casa?

A falta de conectividade e de transporte que as pessoas vulneráveis sofrem cria um obstáculo ao acesso à informação e aos centros de serviços. As distâncias que têm de percorrer ajudam a dificultar o acesso a bens e serviços, de modo que uma melhor conectividade e disponibilidade de serviços é relevante.

60% perceberam que tinham melhor conectividade aos serviços com a casa cooperativa do que antes, 40% não perceberam uma melhoria nessa dimensão, e a percepção dos inquilinos foi substancialmente diferente, uma vez que 82% perceberam uma melhoria.

7.3.3. Pergunta 3: A sua casa contribuiu para uma maior segurança para o bem-estar da sua família?

A segurança está actualmente a falhar entre a maioria da população do Chile, e os sectores mais pobres são ainda mais afectados. 84% perceberam que a casa cooperativa melhorou a sua situação nesta área, e 16% não se apercebeu de qualquer melhoria em comparação com a segurança antes de viverem na casa cooperativa.

7.3.4 Pergunta 4: O acesso à saúde melhorou com a sua casa?

O acesso da população aos serviços de saúde é elevado em todos os sectores sociais, embora seja desigual. Apenas 15,3% das habitações urbanas estão localizadas a mais de 2,5 Km de um centro de saúde; há uma lista de espera para 300.000 cirurgias em saúde pública. 31% dos inquiridos perceberam que a casa cooperativa melhorou o seu acesso à saúde, e 69% não se aperceberam de qualquer melhoria.

7.3.5. Pergunta 5: A obtenção de uma casa ajudou a melhorar o seu tratamento e as suas relações com outras pessoas no novo bairro?

A formação ou melhoria das redes sociais e das relações com os vizinhos desempenha um papel na acção solidária do processo que estamos a discutir. 57% dos beneficiários consideraram que a casa os ajudou a melhorar a sua relação com os vizinhos no novo bairro cooperativo.

7.3.6. Pergunta 6: Ter uma casa permitiu-lhe lidar melhor com a COVID-19?

A ACI afirma que a resiliência das cooperativas é um elemento que ajuda uma comunidade a ultrapassar adversidades catastróficas. Nas cooperativas mencionadas neste documento, os beneficiários perceberam isto como sendo verdade. 73% deles perceberam que o facto de estarem em cooperativas habitacionais lhes permitiu superar a pandemia melhor do que o teriam feito nas suas anteriores habitações. No caso dos membros que alugaram uma casa cooperativa, 100% consideraram que isto era verdade, o que pode ser explicado pelo facto de a sua habitação anterior ser mais precária, tanto em termos de padrões como de superlotação.

8. Conclusão

A natureza multidimensional da pobreza tem características diferentes em cada país. O défice habitacional no Chile, enquadrado entre as dimensões da pobreza, afecta os mais fracos. As cooperativas habitacionais têm uma história de mais de 69 anos no Chile com projectos envolvendo integração social, e construíram cerca de 250.000 casas.

O sistema institucional público e privado mede e identifica o deputado, atacando-o com políticas públicas sectoriais que são sustentavelmente sólidas. As grandes cooperativas habitacionais ocupam um segmento de cerca de 10% na actividade imobiliária destinada a pessoas que necessitam de alguma ajuda do Estado.

Participam numa aliança tácita público-privada, nacional e local, para definir, inovar, procurar, e trabalhar, fornecendo casas para famílias vulneráveis que lhes permitam ultrapassar várias dimensões da sua pobreza.

Os beneficiários dos serviços e das casas cooperativas percebem-nos como sendo a idade efectiva.

Acrónimo

CASEN	Encuesta de Caracterización Socio Económica Nacional
	Inquérito Nacional de Caracterização Sócio-Económica
CEPAL	Comisión Económica para América Latina y El Caribe de las Naciones Unidas
	Comissão Económica das Nações Unidas para a América Latina e as Caraíbas
CCHC	Cámara Chilena de la Construcción
	Câmara Chilena da Construção
ICA	Aliança Cooperativa Internacional
INE	Instituto Nacional de Estadísticas e Censos
PIB	Produto Interno Bruto
OCDE	Organização para a Cooperação e Desenvolvimento Económico
DEPUTADO	Pobreza multidimensional
MPM	Medição da Pobreza Multidimensional.
SDG	Objectivos de Desenvolvimento Sustentável

Referências

Arriagada C. (2004) *El déficit habitacional en Chile: medición de los requerimientos de vivienda y su distribución espacial.* MINVU, Santiago do Chile (2006) *Atlas de la evolución del déficit habitacional en Chile 1992-2002.* MINVU. Santiago do Chile

Banco Mundial (2022) Banco de Dados https://datos.bancomundial.org/indicator/NY.GDP.PCAP.PP.CD? view=map Rescatada 31.07.2022

Barcena A., Prado A., Abramo L., Pérez R. (2016) *Desarrollo social inclusivo. Una nueva generación de políticas para superar la pobreza y reducir la desigualdad en América Latina y el Caribe.* S.16-00099 Naciones Unidas, Santiago

Birchall, J. e Sacchetti, S. (2017) *As vantagens comparativas das cooperativas de um e múltiplos interessados.* Na Conferência Global de Pesquisa da ACI Junho.2017. U. Stirling, Escócia

(2014). *Resiliência numa recessão: O poder das cooperativas financeiras;* Oficina Internacional del Trabajo. - Ginebra ISBN 978-92-2-327031-5 (web pdf)

(2011) *Cooperativas de Empresas Centradas nas Pessoas, Mútuas e a Ideia de Ser Membro.* ISBN 978-0-230-21718-8, Palgrave Macmillan, Reino Unido

Blomeyer, W. (1988) *Genosenssenschaftliches Ehrenamt und Vier Augen Prinzip.* Zeitschrift für das gesamte Genossenschaftswesen. Band 38, Heft 3 pag 164, 175. Nürnberg, Vandenhoeck und Ruprecht ISSN *0044-2429*

CCHC (2020) *Balance de vivienda y entorno Urbano 2019.* CCHC, Santiago do Chile

(2015) *Balance de la vivienda de interés social.* CCHC-Gerencia de Estudios. Santiago do Chile

CEPAL (2021) *Panorama social de América Latina 2020.* ISBN: 978-92-1-004758-6 (versión pdf) Naciones Unidas, Santiago.

(2018) *Agenda 2030* ISBN: 978-92-1-058643-6 (versión PDF). Naciones Unidas, Santiago

(2016) *Horizontes 2030: la igualdad en el centro del desarrollo sostenible* (LC/G.2660/Rev.1) Naciones Unidas, Santiago

Cortina A. (2017) *Aporofobia, el rechazo al pobre. Un desafío para la democracia*. ISBN 978-950-12-9600-6. Paidos, buenos Aires

Cortínez J.M. (1995) *Focalización en la vivienda social. Vivienda Básica e Progresiva en la Región Metropolitana*. MINVU. Santiago de Compostela

Eschenburg,R.(1973) Konflikt oder Harmonietheorie der Genossenschaften *Soderdruck aus Zeitschrift für das gesamte Genossenschatswesen) Band 23 (1973) Heft 2 2 Quartalsheft* (1973) pag 101, 114. Nürnberg, Vandenhoeck und Ruprecht

Fouskas P. e D'Isanto F. (2021) Afecta a quota de mulheres gestoras a divulgação geográfica da empresa? Evidência do UK.*JEOD - Vol. 10, Número 2*, 2021 Classificação JEL: G34, J16, L21, M21 | DOI: 10.5947/jeod.2021.007

Gamboa Saavedra, E. (2019). *Tributação do Imposto sobre o Rendimento nas Entidades Cooperativas da Colômbia e do Chile. Um Estudo das Constituições e Regulamentos Políticos* Revista Derecho Fiscal N° 17, julio-diciembre de 2020, disponível em SSRN:https://ssrn.com/abstract=3620383

García Bernal N. (2021) *Ingreso de los hogares en Chile. Distribución e ingreso autónomo de los hogares según decil de ingresos*. Asesoría Técnica Parlamentar.

OIT (2022), *Actas 7ª Conferencia Internacional del Trabajo - 110.ª reunião, 2022*
Rescatado 09 de junio de 2022,

(2022 B) *Resolución relativa al trabajo decente y la economía social y solidaria*. RESCATADO WEB 16.07.2022 meetingdocument/wcms.848664.pdf

(2008) *Encontrando as provas: As Cooperativas e a Redução da Pobreza em África*. Documento de Trabalho sobre Empreendedorismo Social e Cooperativo WP-SCE 08.02.

INE. (2022) www.INE.cl/Estadísticas Rescatado29.07.2022

(2022 B) https://www.ine.cl/docs/default-source/proyecciones-de-poblacion/publicaciones-y-anuarios/base-2017/ine_estimaciones-y-proyecciones-2002-2035_base-2017_ Rescatado10.08.2022

Alianças Cooperativas Internacionais. 2015*, Notas de Orientação para os Princípios Cooperativos*. Aliance Cooperativo Internacional, Bruselas

Jordán R. (2017) *Desarrollo sostenible, urbanización y desigualdad en América Latina y el Caribe*. S.17-00701 Naciones Unidas, *Santiago*

Larrañaga O., Echecopare B., y Grau. (2022) *Una nueva estimación de la desigualdad de ingreso en Chile.* Estudios Públicos 167 pp. 45-76 (2022) DOI:https://doi.org/10.38176/07183089/1229210914

Max-Neef,M.A.(1998).*Desarrollo a Escala Humana.* Barcelona: Nordan-Comunidad eIcaria. Rescatado 30.05.2022

Martínez Charterina, A. (2015). *Las cooperativas y su acción sobre la sociedad.* Revista de Estudios Cooperativos, núm. 117, enero-abril, pp. 34-49 ISSN : 1135-6618 Madrid, REVESCO

Mendez, N. e Casas Casas, A. (2015) *Capital social e território: Una aproximación multi-métodos al cambio social en contextos subregionales* (Capital Social e Território: A Multi-Method Approach to the Microfoundations of Social Change in Subregional Contexts) Disponível em SSRN: https://ssrn.com/abstract=2716067 ou http://dx.doi.org/10.2139/ssrn.2716067 Rescat 08.07.2022

Messina A.L. (2020). *Feminismo e Revolução. Crónica de una inquietud, Santiago*

2019 fragmentos de una paz insólita. Edición Metales pesados, Santiago

Ministerio de desarrollo social. (2017) *Atlas de acción social. Áreas prioritarias para 75 comunas no Chile.* I.S.B.N.978-956-326-041-0 Ministerio de desarrollo social. Santiago do Chile

Ministerio de Economía (2022) *Ley General de Cooperativas* Web. https://asociatividad.economia.cl/wp-content/uploads/2020/03/Ley-General-de-Cooperativas.pdf Rescatado 16.07.2021

Moreno L. (2017). *Del diagnóstico compartido a los cambios de solución.* Revista Mensaje, Octubre 2017 N°663, 37-40, Santiago do Chile.

Mori P.A. (2014) "Community and cooperation: the evolution of cooperatives towards new models of citizens' democratic participation in public services provision", *Euricse Working Paper* n. 63 | 14.

Naciones Unidas. (2018). *La Agenda 2030 y los Objetivos de Desarrollo Sostenible: una oportunidad para América Latina y el Caribe (LC/G.2681-P/Rev.3),* Santiago.

Picciotti A. e Bernardoni, A. e Cossignani, Massimo e Ferrucci, L., *Cooperativas Sociais em Itália: Antecedentes Económicos e Distribuição Regional* (Junho de 2014). Annals of Public and Cooperative Economics, Vol. 85, Issue 2, pp. 213-231, 2014, Disponível em SSRN: https://ssrn.com/abstract=2435346 ou http://dx.doi.org/10.1111/apce.12036

Ricoeur P. (1991), *Ética y moral.* Traducción de Luz María Traverso. Seuil. París

(2005), *Caminos del reconocimiento.* Editorial Trotta, Madrid

(2006), *Sí mismo como otro.* Siglo XXI, México.

(2009), *Ética y cultura.* Prometeo, Buenos Aires.

Robles C. (2011) *El sistema de protección social en chile: una mirada desde la igualdad.* Cepal, Santiago do *Chile*

Rubio-Rodríguez, A. Gustavo e Santos, De Almeida, F. (2021). *Auditoría social en las organizaciones del sector cooperativo: precedente de nottable escenario de gobernabilidad.* Revista de Estudios Cooperativos, Madrid (ES),2021, v. 138, p. e73868-e73868-9. DOI: 10.5209/reve.73868, Disponível em SSRN: https://ssrn.com/abstract=3855875

Salvatori G. (2013), *Economía cooperativa: un enfoque innovador para la sostenibilidad,* Euricse Working Paper n. 49 | 13. Clasificación JEL A14, D63, L38, L38, P13, P46

(2011) *Las Empresas Sociales Y Cooperativas Dentro Del Nuevo Paradigma: Porque En Europa La Realidad Los Niegan La Ideologia* (Cooperativas e Empresas Sociais no Novo Paradigma): Porque na Europa Facts Run Counter to Ideology) (10.1. 2011). Euricse Working Papers No. 21/11,Disponível emSSRN: https://ssrn.com/abstract=1950559 ou http://dx.doi.org/10.2139/ssrn.1950559

Santelices R. (2019). *Los frutos de la Permanencia. Una cooperativa de vivienda en un mercado neoliberal.* Ril editores, Santiago

(2019 B). *Ética discursiva de responsabilidad social de la empresa.* Ril editores, Santiago

Sepúlveda M. (2014) *De la retórica a la práctica: el enfoque de derechos en la protección social en américa latina* Publicación de las Naciones Unidas ISSN 1564-4162 LC/L.3788 Copyright © Naciones Unidas, marzo de 2014. Santiago.

Wanyama F. (2014) *Cooperativas e os Objectivos de Desenvolvimento Sustentável: Uma contribuição para o debate sobre o desenvolvimento pós-2015.* ISBN 978-92-2-128731-5 Universidade de Maseno, Quénia

Wilson, A. y Otros. (2021). *Analicemos nuestra identidad cooperativa.* International Cooperative Alliance, Bruselas.

CAPÍTULO 2

Cooperativas habitacionais no Chile, princípios cooperativos, e SDG

Abstrato.

A ética cooperativa é discursiva da responsabilidade social, os seus valores são permanentes; embora os seus princípios sejam permanentes, não são imutáveis, e estão todos centrados na pessoa, enquanto a sua aplicação se adapta ao ambiente e às mudanças na sociedade onde prestam os seus serviços ou contribuem com os bens que produzem, num quadro de mínimos obrigatórios, guiados pela Aliança Cooperativa Internacional.

Para reforçar o desenvolvimento das cooperativas no mundo, elas devem ser identificáveis pelos seus valores, princípios e objectivos, que foram recentemente revistos no Congresso Mundial das Cooperativas em Seul.

É aconselhável analisar periodicamente a sua prática; este documento é uma visão analítica de alguns princípios e do seu significado nas grandes cooperativas habitacionais no Chile.

1. Palavras-chave.

Ética, princípios cooperativos, valores, objectivos, centralidade da pessoa.

2. Problematização.

No Chile, a actividade empresarial em geral está organizada de acordo com os conceitos da economia liberal neocapitalista, concentrando a sua actividade na obtenção da maior rentabilidade a partir do capital com os maiores ganhos para os seus accionistas.

Este objectivo foi introduzido na segunda metade da década de 1970, quando a economia chilena visava substituir as pessoas como principal foco das suas actividades com rentabilidade e crescimento do PIB e do capital.

27

Nessa altura, as cooperativas de habitação deixaram de ter acesso a crédito de curto prazo para construção e urbanização e a hipotecas de longo prazo.

Nesse ambiente, a fim de manter as pessoas que sofriam de falta de habitação no centro da sua actividade e utilizando recursos económicos e financeiros como meio de superar a pobreza, profissionais dedicados ao desenvolvimento de cooperativas habitacionais promoveram várias cooperativas constituídas por parceiros em segmentos emergentes pobres que necessitavam de habitação, profissionais multisectoriais que trabalhavam nesta área, e um par de fundações, fundindo-as em grandes Cooperativas. Esta modalidade criou 15 cooperativas para canalizar as poupanças dos seus membros em solidariedade e desenvolver e construir projectos e desenhos com a sua participação no processo de tomada de decisão.

Ao longo de quarenta e sete anos, estas organizações cooperativas produziram habitações para mais de 250.000 famílias, que adquiriram os seus bens vencendo a pobreza.

Apenas três dessas grandes Cooperativas ainda estão activas.

Em quase cinco décadas, um deles formou um activo total de 90.000.000 dólares, principalmente através da formação de reservas não distribuíveis de mais de 90%, sendo o capital contribuído pelos membros de apenas 9%. Os activos desempenham um papel social no sector que lhe permite alargar a sua actividade a toda a nação.

Apresentarei uma análise fenomenológica da prática de alguns princípios cooperativos na sua aplicação sectorial que, embora cumprindo sem perder de vista o SDG, devem ser considerados com o rigor do padrão de aplicação e modelos avaliativos que respondam à orientação das actuais directrizes da ACI, aos conceitos aceites na investigação académica e literatura especializada dos últimos 40 anos, e às aspirações da civilidade local, mantendo a centralidade da pessoa em todas as suas decisões e acções e adaptando-se à ética que as identifica como autênticas cooperativas.

28

3. Hipótese.

Valores e princípios éticos.

Para que as cooperativas possam ser identificadas como autênticas, é necessário:

1 para que cada uma das suas decisões e acções se concentrem nos interesses das pessoas em todas as esferas da sua relação com os seus membros, os seus trabalhadores, os seus directores e executivos, os seus parceiros, e terceiros afectados pelo seu meio envolvente ou comunidade e ambiente;

2 para que a sua organização, decisões e actos se baseiem nos valores de: auto-ajuda, responsabilidade pessoal, democracia, igualdade, equidade e solidariedade, e incorporar os princípios de: adesão voluntária e aberta, gestão democrática; participação democrática dos seus membros; autonomia e independência; educação, formação e informação; cooperação entre cooperativas e preocupação com a comunidade;

3 que os "outros" personificados nos seus membros, a sociedade do seu ambiente, incluindo o Estado e os seus parceiros, identificam a presença dos valores e princípios declarados nas suas decisões e acções.

Identidade.

A exigência de incorporar os princípios cooperativos e os seus valores torna possível que uma cooperativa se identifique a si própria e que outras a identifiquem, porque elas constroem a ética das cooperativas. Só é possível reconhecer a sua identidade quando as características declaradas são vistas como fundamentais para os seus actos e decisões.

No recente Congresso Cooperativo Mundial em Seul, Coreia, a preocupação em desenvolver a identidade cooperativa foi levantada repetidamente com o objectivo de que o movimento cooperativo fosse identificado como a alternativa que pode construir um mundo melhor, de acordo com os tempos, para que todos possam lá encontrar uma actividade que responda de forma sustentável em todas as esferas às suas necessidades e exigências, centralizando a pessoa solidariamente como princípio e fim, e colocando a economia, rentabilidade, crescimento, inovação, recursos naturais, e capacidades humanas ao seu serviço. A entidade identificada (cooperativa x) deve ser identificada, bem como aqueles que lhe estão relacionados, especialmente quando são afectados pelos seus actos ou decisões. Quem se identificar dessa forma, também diz quem é porque é reconhecido. As partes afectadas que identificam uma cooperativa dizem que ela é uma cooperativa, porque reconhecem valores e princípios cooperativos nos seus actos.

Princípios Cooperativos

Segundo a ACI, "os princípios cooperativos são directrizes segundo as quais as cooperativas põem em prática os seus valores" (ACI, 2015, 2). Os princípios cooperativos fornecem orientações sobre a incorporação dos valores descritos nas suas acções e decisões. São directrizes aplicáveis com as adaptações exigidas pelo ambiente político, social, cultural, histórico da sociedade ou do ambiente em que a cooperativa se desenvolve. Os princípios têm variado na sua declaração e no seu número desde a sua origem até à actualidade, mantendo a força dos seus valores.

A ACI afirma que os princípios devem adaptar-se às características das sociedades de acordo com as suas expressões no tempo e no espaço.

"Apesar destas mudanças gerais no mundo, as fundações da empresa cooperativa permanecem inalteradas. A essência genérica do que torna uma empresa cooperativa é tão forte e relevante para a qualidade económica, social e ambiental da sociedade humana actual como era quando os fundadores da cooperativa a utilizaram pela primeira vez nos séculos XIX e XX. Os nossos valores são inalteráveis, mas a aplicação dos princípios cooperativos necessita de uma reavaliação constante que acompanhe as mudanças e desafios económicos, sociais, culturais, ambientais e políticos". (ACI, 2015, 2)

O significado das cooperativas que se desenvolvem em todos os continentes e em todas as culturas do mundo é sempre o mesmo, o que não quer dizer que na prática os princípios não possam ser expressos de forma diferente em cada momento e em cada lugar.

A organização cooperativa mundial lembra-nos que *"As cooperativas são o único tipo de empresa que tem um código de valores éticos acordado internacionalmente que funciona democrática e internacionalmente de acordo com princípios aceites".* (ICA, 2015, 2)

Um código que aceitamos e que nos obriga a defender a ética universal com que somos identificados por parceiros e terceiros, porque este tipo de empresa concordou com eles universalmente como nossos por convicção racional e aprendizagem pessoal e colectiva e não por imposição dogmática. Não há outro tipo de empresa que tenha sido capaz de alcançar a aceitação universal de uma ética.

Os valores[I] acima mencionados são permanentes, e os princípios, embora permanentes, não são imutáveis. A cooperativa deve responder à ética que reflecte os seus valores captando nos seus princípios as exigências dos seus sectores internos e da sociedade que serve, a que se relaciona. [II]

Universalmente, as relações comerciais e económicas têm considerado o desequilíbrio entre a atribuição de direitos e a distribuição desigual dos bens como sendo o maior problema. [III]

Limito esta apresentação sob essa concepção, analisando o cumprimento pelas grandes cooperativas habitacionais do Chile dos três seguintes princípios cooperativos: controlo democrático; educação, formação e informação e interesse da comunidade em alcançar os três seguintes GDS: fim da pobreza; igualdade de género, e educação de qualidade.

3.1. O fim da pobreza.

Ao procurar cumprir o primeiro Objectivo de Desenvolvimento Sustentável - GDS -, contido na Agenda 2030 aprovada na Assembleia Geral das Nações

Unidas em Setembro de 2015, entenderei o "fim da pobreza" como o *fim da pobreza em todas as suas formas em todo o mundo*, para me limitar a contribuir para a superação do fenómeno da pobreza no país como um desafio de equidade e integração. Isto deve ser tratado de uma perspectiva multidimensional a fim de o compreender, olhar para ele e medi-lo, o que pressupõe a participação cooperativa, organizada e abrangente de muitos actores cooperativos entre outros, mantendo sempre como foco principal a dignidade daqueles que sofrem por fazerem parte do fenómeno. [IV]

A pobreza é um fenómeno multidimensional que envolve a falta de bens necessários à sobrevivência expressa em diferentes áreas da vida das pessoas, como: acesso decente à cultura, educação, saúde, trabalho, inclusão, transporte, electricidade, prática religiosa, liberdade de expressão e informação, informática e meios de comunicação social, alimentação saudável suficiente, habitação e dinheiro; sendo a *aporofobia* entendida como rejeição dos pobres; com a segregação social e como diz Amartya Sen com a falta de liberdade e a impossibilidade de realizar os planos que uma pessoa valoriza para a sua vida.

A superação da pobreza requer a concorrência multissectorial de pessoas, cooperativas e organizações que participam com a sua actividade *"para o reconhecimento recíproco da dignidade e para a compaixão que derruba barreiras e se estende universalmente". Isso não vem inscrito nos genes, instalados no cérebro, mas que temos bebido em tradições culturais que fazem dela a experiência humanizadora por excelência".* (Cortina, 81. 2017).

Contribuir para acabar com a pobreza através da acção de cada cooperativa significa que esta cooperativa cooperativa coopera eficazmente para alcançar um nível em que, na perspectiva sectorial a que a sua acção se limita no caso do presente documento, a pobreza gerada pela falta de acesso à habitação e a segregação urbana de pessoas identificáveis expressas em habitações que não satisfazem as condições mínimas pode ser registada como habitação decente no conceito comumente aceite ou no bairro segregado onde vivem as pessoas pobres. A actividade cooperativa deve considerar um duplo objectivo, a superação da pobreza em toda a humanidade e a pobreza de cada pessoa em particular. [v] No Chile tínhamos conseguido reduzir significativamente a falta de habitações decentes, mas esta situação foi interrompida nos últimos 4 anos e até revertida.

3.2 Igualdade de género

No Congresso Cooperativo Mundial na Coreia foi acordado não só ratificar o compromisso do movimento cooperativo com o GDS da Agenda 2030, mas também medir a forma como os GDS são abordados através do cumprimento de cada um dos Princípios Cooperativos.

Como as cooperativas se concentram na dignidade da humanidade, incluem igualmente homens e mulheres. Os princípios consideram a igualdade de género, e as dificuldades começam quando a aplicação deste objectivo "necessário para alcançar um mundo pacífico, próspero e sustentável" (Nações Unidas 2018.31) é efectivamente medido a diferentes níveis da estrutura, nas decisões e acções de cada cooperativa.

Concordando com esta agenda, reconheço que este objectivo permitirá às cooperativas promover uma economia solidária e sustentável em benefício das sociedades e da humanidade.

A realização deste GDS pelas cooperativas implica acabar com todas as formas de discriminação contra as mulheres; assegurar a sua participação plena e efectiva a todos os níveis, e na sua relação com terceiros, incluindo reformas das regras que regulam o seu funcionamento que concedem explicitamente às mulheres igualdade de direitos aos recursos económicos e ao acesso à propriedade, à gestão e controlo de cada cooperativa, livre de desigualdades, desigualdades e abusos.

As opiniões da literatura especializada mostram-nos que os conselhos menos homogéneos são uma ameaça ao processo de tomada de decisão apropriado, colocando riscos à independência de pensamento do Grupo (Fouskas, 6); que as mulheres têm melhores competências em relação a outras organizações; que são mais susceptíveis de envolver as suas empresas em actividades filantrópicas e produtivas para a comunidade.

O ponto importante é que as mulheres devem pertencer a todos os níveis das cooperativas com possibilidades iguais para os homens, porque a centralidade das cooperativas baseia-se nas pessoas devido à sua qualidade inata sem considerar o seu género, e é urgente eliminar as diferenças que impedem a participação de mulheres e homens em condições de igualdade e criar condições que permitam essa igualdade. O direito humano da igualdade de género está entrelaçado com alguns dos princípios cooperativos, é inerente, essencial, e permanente à natureza cooperativa.

3.3 Garantir a educação.

Uma das dimensões do fenómeno da pobreza é que reduz as pessoas afectadas à condição de recurso humano para criar riqueza, melhorar a produtividade e aumentar os benefícios do capital, esquecendo que a centralidade da pessoa coloca as actividades económicas e a utilização dos bens ao seu serviço. A educação garantida na Agenda estabelece que é inclusiva, equitativa na qualidade, e universal, criando oportunidades de aprendizagem.

Não se refere apenas à educação das crianças, inclui aqueles que têm de ter alternativas para adquirir instrumentos ou competências a fim de superar a pobreza.

Procura assegurar a igualdade de acesso, até 2030, a uma formação técnica, profissional e superior de qualidade para aqueles que possuem as competências necessárias, a fim de ter acesso a um trabalho decente e ao empreendedorismo para o desenvolvimento e estilos de vida sustentáveis, através do acesso aos direitos humanos, à igualdade de género, à paz e à não-violência, valorizando a diversidade cultural.

Em Cooperativas esta garantia significa a incorporação na sua versão contemporânea do princípio da educação cooperativa, investigação, ciência e tecnologia a todos os níveis que compõem a sua estrutura, e a sociedade do seu ambiente.

A educação inclui a formação de membros dispostos a assumir papéis a níveis superiores da cooperativa na gestão e controlo, de modo a tornarem-se competentes para assumirem as tarefas sensíveis que o princípio do controlo democrático exige.

A justificação conceptual da dedicação que as cooperativas devem ter para colaborar no esforço mundial proposto pela Agenda para cumprir estes três GDS, entre outros, baseia-se no significado de cooperativas e no mandato expresso da Conferência de Seul.

4. Objectivos.

4.1 Objectivo geral.

Através de uma análise do exercício das grandes cooperativas habitacionais no Chile num período de mais de quatro décadas, dos três princípios cooperativos indicados, mostrarei como sob qualquer circunstância sócio-económico-política é possível divulgar e desenvolver o sistema cooperativo ajudando a cumprir o objectivo do desafio dos três GDS da Agenda 2030, mantendo sempre a centralidade de alcançar o ideal que "o outro" nos desafia, que a sua dignidade seja afirmada pela cooperativa em primeiro lugar na segunda pessoa: a sua liberdade; a sua liberdade vem em primeiro lugar. A liberdade ética não é uma pretensão que vem de cada uma das cooperativas, a sua origem é a outra que questiona cada uma exigindo que ela seja igual à cooperativa. A cooperativa exige de cada um daqueles que a representam que considerem o senhor, que outro, como eu, como eu próprio, como a própria cooperativa fazendo-nos considerar na nossa relação na comunidade do nosso ambiente no sentido de "Eu sou o meu próprio próximo, porque sou o semelhante dos meus vizinhos" (Ricoeur, 2009; 143).

As cooperativas a que me refiro no que respeita às suas decisões e acções alcançaram objectivos para além do previsto, tendo, sob alguma perspectiva, acomodado até ao limite algumas características que, tendo sido justificáveis em determinado momento, deveriam ser corrigidas no futuro e adaptadas de forma planeada às normas, a fim de se identificarem, distinguindo-se das entidades sem fins lucrativos de outro tipo.

4.2 Objectivos específicos

J. Birchall descreve que as cooperativas financeiras têm três elementos essenciais que as definem: propriedade, controlo, e benefícios. Ele também declara que os proprietários membros são, por sua vez, os clientes.

Os mesmos três elementos essenciais definem as cooperativas de habitação no Chile [VI] , onde os clientes são os proprietários, resultando no fenómeno de identidade na mesma pessoa ser o proprietário membro da cooperativa e destinatário do serviço.

4.2.1 Controlo democrático.

O que é o controlo democrático?

A ACI declara este princípio dizendo que *"As cooperativas são organizações democráticas sob o controlo dos seus membros, que participam activamente na determinação das suas políticas e na tomada de decisões. Os homens e mulheres que servem como representantes eleitos são responsáveis em relação a todos os membros. Nas cooperativas de primeiro nível os membros têm o mesmo direito de voto (um membro, um voto), e as cooperativas de outros níveis são também organizadas democraticamente"* (ACI 2015, 17).

Contém uma definição do significado de cooperativas concentrando-se no facto de "os membros da cooperativa se reunirem numa organização". Não numa empresa de capital nem numa fundação de caridade, corporação ou outra forma de sociedade sem fins lucrativos de benefício mútuo. O fenómeno de identificar o proprietário da cooperativa e o destinatário do bem ou serviço como a mesma pessoa, conhecido como critério de identidade, é típico apenas das cooperativas; [VII] a centralidade que dá significado à cooperativa baseia-se nos membros.

Características deste princípio

A primeira característica das organizações derivada deste princípio é ser democrática, o que implica que os seus membros têm responsabilidades e direitos apoiados pelas suas obrigações.

Uma característica que é necessária para a sua governação e para a sua administração. Na governação, desde o direito de todos os membros a eleger e ser eleitos, até à tomada de decisões ao nível organizacional de cada um, e para a organização, administração e gestão de todas as esferas de actividade. A segunda característica contida neste princípio é o controlo dos seus membros, que se estende desde o elementar "princípio dos quatro olhos" que Blomeyer chama *Vier Augen Prinzipien* para todas as operações da cooperativa (Blomeyer, 165) que os membros exercem por direito nas diferentes actividades em que se relacionam uns com os outros, ou nas áreas da sua administração, investimentos, políticas gerais ou específicas incluindo a definição de produtos de bens ou serviços, políticas de preços, formação de reservas, novos investimentos, proposta e eleição de candidatos a cargos de gestão, governação, controlo do cumprimento de objectivos ou determinação da acção territorial da cooperativa, bem como ser eleito para essas responsabilidades.

A terceira característica é que os membros eleitos para controlar e gerir a cooperativa são responsáveis perante todos os membros por saberem como os seus

37

interesses são salvaguardados, como os bens são administrados, e como o objectivo é alcançado.

Os interesses da cooperativa incluem os interesses de diferentes tipos de membros, cada um dos quais tem o mesmo peso, qualquer que seja o montante das suas contribuições de capital.

A quarta característica exigida para o cumprimento deste princípio é que os membros têm os mesmos direitos de voto (um membro, um voto). A centralidade da pessoa é uma das características que torna possível a sua identificação, o que é demonstrado pelo facto de os seus direitos derivarem do facto de ser membro, não da quantidade de capital contribuído, nem do volume de negócios que cada um transacciona com a cooperativa.

Este princípio não se limita à eleição de directores ou outros órgãos de controlo, ou à mera participação em assembleias gerais; inclui também a colegialidade dos diferentes poderes, assegurando que a governação empresarial e empresarial é democrática e igualitária. A orientação da principal autoridade cooperativa mundial afirma que:

> *"O controlo democrático pelos membros não se limita simplesmente aos procedimentos formais nas assembleias gerais, inclui também a separação de poderes, como num Estado moderno, com controlos e equilíbrios exercidos internamente. Estes controlos e equilíbrios são importantes numa cooperativa"* (ACI 2015, 20).

Está subjacente à eleição democrática de posições de representação no Conselho de Administração, determinação de políticas, controlo da administração, e representação de interesses de terceiros.

Aqueles que exercem tanto a gestão como a administração da Cooperativa fazem-no por mandato e em representação dos parceiros, pelo que a ACI adverte num dos seus documentos mais recentes ao lembrar que *"as cooperativas não "pertencem" aos responsáveis eleitos, tal como não podem "pertencer" aos*

gestores e empregados que ocupam cargos subordinados aos responsáveis".
(ICA, 2015, 18)

Além disso, os membros dos órgãos de gestão e gestores mais elevados estão sempre sujeitos aos órgãos de controlo dos membros, exigindo que *"Os acordos que são adoptados devem garantir um controlo democrático efectivo e real por parte dos membros, em vez de terem uma democracia teórica controlada por um nível de gestão ou por uma elite que se perpetua".* (ACI 2015, 19)

Será que as grandes cooperativas habitacionais no Chile cumprem este princípio?

Os órgãos de controlo e gestão interna democrática das Cooperativas Habitacionais no Chile são determinados pela lei e pelos estatutos de cada cooperativa. São chamados Conselho de Administração[VIII] e Conselho Fiscal[IX], e ambos são compostos por membros da cooperativa. No primeiro, cada tipo de membro elege o número de membros de acordo com os seus estatutos, bem como os eleitos pelos trabalhadores da cooperativa.

Limitarei a minha análise às grandes cooperativas habitacionais mencionadas, através de uma delas, salientando a experiência, capacidade profissional, integridade, espírito de generosidade e vocação de serviço dos membros do Conselho de Administração. O Conselho é actualmente composto por nove membros eleitos por dois tipos de membros e os trabalhadores, com cada nível a eleger os seus representantes separadamente, sendo apenas dois dos membros mulheres.

Relativamente à integração do género entre os oito principais executivos que realizam o trabalho multidisciplinar exigido por uma cooperativa desta natureza, não há mulheres, enquanto a integração do género entre o pessoal mostra que 44% são mulheres. Os membros são geralmente em grande parte mulheres.

Os membros do conselho de administração, que não são empregados, foram eleitos sem terem sido renovados durante décadas, com algumas excepções.

O Conselho Fiscal, cujas funções são definidas por lei, é composto por membros eleitos pelo Conselho, a maioria dos quais não são formados pela cooperativa para exercer as suas funções e cumprir formalmente a sua tarefa por meio de uma reunião anual.

O exercício da governação é fortemente pessoal, estando o conselho de administração envolvido em funções e decisões típicas da gestão ou administração. [x]

Porquê?

A descrição é uma visão do princípio do controlo democrático nessas cooperativas, e deve ser estabelecido que o trabalho bem sucedido dessas cooperativas nos aspectos sociais, solidários, económicos, financeiros e técnicos contribui para o prestígio alcançado pelas cooperativas nos sectores público e privado, entre os membros, autoridades locais, comunidade cívica, e sectores financeiro e bancário; a tecnologia incorporada, a qualidade da construção e o desenvolvimento urbano alcançado satisfazem elevados padrões de integração social e solidariedade, permitindo que sejam considerados uma referência notável para as cooperativas na relação público-privada nas esferas sectoriais de habitação protegida, organizações de trabalhadores e sector financeiro.

No entanto, existem outras formas de organizações semi-mutuais como organizações de caridade, sociedades de benefício mútuo ou fundações que alcançam o mesmo resultado sem a participação de membros que beneficiam da sua actividade eficiente, mas que não são cooperativas. Consideram os seus clientes como membros sem os incluir na governação empresarial ou no controlo exercido por um conselho, cujos membros, de acordo com as suas regras internas, podem permanecer perpetuamente nas suas posições.

A forma de exercício da democracia nas eleições, governação, administração e controlo em referência baseia-se nas actuais características internas e exógenas.

As internas incluem: o curto período de adesão à cooperativa, que é inferior a cinco anos, já não são membros quando adquirem a propriedade individual das suas casas, e os membros não são encorajados a assumir responsabilidades; e o elevado nível de especialização e complexidade da actividade sectorial em assuntos específicos financeiros, de construção, jurídicos, sociais, técnicos e urbanos que dizem respeito aos sectores imobiliário e social, que não correspondem ao nível médio de educação dos membros. A solução adequada a estas duas características não foi abordada.

As características exógenas são: o ambiente de origem das cooperativas, um ambiente que terminou em 1990, as cooperativas foram criadas num ambiente político adverso que fez suspeitar qualquer expressão de actividades populares solidárias e democráticas; e a necessidade de manter a estabilidade do prestígio ganho com parceiros em diferentes esferas que permitem o seu desenvolvimento no sistema político económico, e nas indústrias de construção e imobiliária em que estão inseridas.

Conclusão sobre o cumprimento do controlo democrático.

As cooperativas cumprem formalmente a letra das regras contidas na lei e nos estatutos internos.

De acordo com a descrição fornecida, é necessário introduzir práticas que permitam cumprir o significado deste princípio, seguindo as recomendações que a ACI definiu precisamente para os seus membros, ou seja

Ter representação apropriada dos diferentes membros interessados;[XI] Satisfazer necessidades comuns; Controlo democrático pelos membros; Separação de poderes da cooperativa,[XII] expressamente "como um Estado moderno"(Wilson, 20) exercendo controlos que representam um equilíbrio entre todos os grupos dos seus membros,[XIII] sem ter membros do Conselho de Administração envolvidos na gestão diária; Aproveitar as tecnologias de comunicação e informação para alcançar a formação necessária para que os membros possam ocupar cargos com mais responsabilidade;[XIV] Deixar o Conselho de Administração supervisionar a constante renovação democrática, apresentando novos candidatos a membros para cargos elegíveis;[XV] Que os membros eleitos reflictam a diversidade dos membros da cooperativa [XVI] e a paridade de género; [XVII] O direito de todos os membros votarem e serem eleitos para o Conselho de Administração e o Conselho Fiscal para que este seja composto por membros e estes participem nas decisões estratégicas;[XVIII] Introduzir alterações que limitem a reeleição dos conselheiros eleitos. [XIX]

As recomendações da ACI e publicações académicas que descreveram todas estas características noutras experiências, ajudarão neste caso como em todas as cooperativas a actualizar as suas práticas de controlo democrático à luz do conceito universal de ética cooperativa que as identifica, apoiando as realizações alcançadas. Porque a ACI adverte *"Sem um controlo real e eficaz por parte dos membros, perder-se-á uma característica genérica essencial da nossa identidade cooperativa"* (Aliança Internacional, 29).

4.2.2. Educação, formação e informação
O que é educação, formação e informação?

Os princípios são o princípio, o que vem primeiro; quando acordam nos seus princípios, incluindo este, as cooperativas estabelecem que se baseiam nos valores que mencionei, salientando que estas empresas começaram por oferecer educação.

A educação é entendida como o ensino dos mesmos valores cooperativos de democracia, igualdade, e solidariedade.[XX]

Três tarefas declaram a definição actual deste princípio: Educação; Formação e Informação.

As duas primeiras destinam-se a contribuir eficazmente para o desenvolvimento da própria cooperativa, visando os níveis da sua estrutura; Membros; Representantes eleitos; Gestores; e Empregados.

A informação sobre a natureza e os benefícios da cooperação dirige-se à comunidade em geral, especialmente no seu ambiente: aos jovens e aos líderes de opinião.

A educação em si não é um valor, a educação ensina valores. A empresa cooperativa afirma que um dos seus princípios é a educação, porque é uma empresa que pretende ensinar o significado dos seus valores para que estes estejam presentes nas suas decisões e acções, reflectindo a sua identidade: democracia, igualdade e solidariedade.

O que é que entendemos por educação, formação e informação?

A educação é uma actividade essencial diz a nossa organização mundial, porque o sucesso e a sustentabilidade das empresas cooperativas baseiam-se nela; não é uma actividade complementar ou uma actividade realizada para fins comerciais, de serviço ou de produção que legalmente são o objectivo da empresa. XXI

O movimento cooperativo considera que a educação é essencial para que os interesses dos seus membros e da sociedade sejam alcançados sob a forma de empresa indicada acima.

Interpretando Birchall, quando executivos e quadros superiores entram na cooperativa não foram treinados para ver o seu significado, e não estão equipados com o tipo preciso de linguagem necessária para o valorizar ou expressar, se é que o viram.

A fim de participar activamente em cada um dos aspectos envolvidos nas acções da cooperativa é essencial compreender o significado de igualdade, democracia e solidariedade.

Este princípio refere-se à formação no sentido que as cooperativas têm de transmitir ao seu pessoal para que sejam identificadas pela sua ética[XXII] no desempenho democrático das empresas e na governação transparente que é conduzida em prol da dignidade do outro.

43

O significado de cooperativas é diferente do significado que o mercado dá às empresas, o que torna essencial a formação dos gestores, dos cargos eleitos, dos quadros superiores e de todos os empregados e profissionais nos valores, princípios e objectivos que tornam possível que todos os seus actos e decisões reflictam a sua identidade.

A informação, a terceira tarefa deste princípio, tem como objectivo divulgar o facto de que os valores que os identificam produzem benefícios para a cooperativa e a sociedade civil local e global em que estão inseridos; ajudam eficazmente a alcançar a paz, a superar a pobreza, a igualdade de género, o cuidado com o ambiente, e a substituição de práticas individualistas por práticas solidárias,[XXIII] ultrapassando dificuldades para aperfeiçoar o exercício do controlo democrático que tem sido descrito.

Será que estas cooperativas cumprem este princípio?

Estas cooperativas têm-se distinguido pela educação dos seus membros nos valores da auto-ajuda, responsabilidade, democracia, igualdade, equidade e solidariedade, mas o problema é que agora não fazem parte da imaginação colectiva cívica média.

Estenderam esta actividade para além das sessões presenciais através de documentos impressos, com reuniões Webinar e Zoom, App e WhatsApp, não só aos campos típicos da cooperação e informação sobre o seu desenvolvimento económico, financeiro, institucional e cooperativo, mas também a assuntos que envolvem tecnologia, planeamento urbano, assuntos financeiros e jurídicos, e construção, para melhorar a sua participação informada na actividade empresarial com a cooperativa e a actividade cívica com a comunidade.

A educação e informação dos membros inclui o que é necessário para participar simetricamente com a cooperativa e com terceiros que participam na aquisição de uma casa.

São abordadas as seguintes questões:

Solidariedade cívica e cooperativa;

Princípios, valores e fundamentos cooperativos;

Questões financeiras relacionadas com a cooperativa e com o financiamento hipotecário a longo prazo, apoiando-os a serem sujeitos de serviços bancários;

Formação de cada um como sujeito elegível para o financiamento hipotecário a longo prazo; aconselhando cada um a incorporar todos os seus rendimentos no sistema formal;

Questões económicas relacionadas com a cooperativa e a economia familiar doméstica;

Poupança para habitação, que dignifica quem faz o esforço, e é a base para o financiamento por meio de empréstimos a longo prazo;

Questões jurídicas referentes aos instrumentos necessários para adquirir bens e ao significado de bens e bens públicos;

Comportamento cívico solidário; XXIV

Apreciação do ambiente, em temas comuns como a solidariedade expressa na renovação, recuperação, reciclagem e reparação, eficiência energética, cuidado da água, do mobiliário urbano, praças públicas e edifícios;

Construção e assuntos técnicos, como manutenção e melhoramento doméstico, etc.

Estas tarefas criam fortes laços envolvendo a participação entre os membros, trabalhadores e profissionais, assim como a identificação com a cooperativa.

Conclusão sobre educação, formação, informação.

As cooperativas habitacionais desenvolvem geralmente programas específicos de educação, formação e informação destinados aos seus membros, gestores, empregados e profissionais, à comunidade, partes interessadas, autoridades sectoriais locais e nacionais.

Interpretar o cumprimento deste princípio como uma forma de conhecer os interesses do outro para fazer da dignidade das pessoas o centro das suas decisões e acções perante qualquer outro objectivo ou meta dos seus negócios, porque este princípio é um instrumento eficaz para cooperar na superação da pobreza, no desenvolvimento da igualdade de género, na consecução da paz, na substituição das prioridades do sistema económico individualista pela solidariedade, igualdade, participação e democracia, bem como coincidindo com os ideais dos jovens de um mundo melhor.

A ACI afirma que proporcionar educação e formação aos seus membros, representantes eleitos, administradores, e empregados é uma actividade essencial, uma vez que é fundamental para o sucesso e sustentabilidade de qualquer cooperativa. (Aliança Internacional das Cooperativas, 2015. 64.)

4.2.3. Interesse na comunidade.

"As cooperativas trabalham a favor do desenvolvimento sustentável das suas comunidades por meio de políticas aprovadas pelos seus membros". (Aliança Internacional das Cooperativas, 91)

Este princípio incorporado em 1995 no catálogo de princípios cooperativos é uma expressão da ética cooperativa, praticada desde o tempo das primeiras cooperativas no Reino Unido e na Alemanha que se preocupavam com a comunidade no ambiente dos membros. Nesta perspectiva, estas empresas têm significado como um contraponto aos caminhos seguidos pela indústria e comércio no final do século XIX.

Definiram o seu ethos dando prioridade à melhoria das condições sociais e económicas dos trabalhadores com a ajuda mútua daqueles que eram vulneráveis nas comunidades urbanas devido à exploração do trabalho, comércio abusivo, negligência ambiental residencial, precariedade dos serviços de saúde e educação, etc.

A cooperativa está preocupada com o ambiente social desde as suas próprias origens. Não é apenas o desejo de satisfazer uma necessidade que move a cooperativa que, como associação de pessoas, gere democraticamente uma empresa detida conjuntamente pelas mesmas pessoas que voluntariamente querem fazer parte dela. (Martínez Chaterina, 36)

Cracogna afirma que a responsabilidade das cooperativas estende-se à melhoria das condições para além dos seus membros para o desenvolvimento da comunidade local e universal, incluindo a natureza, porque a sua actividade deve ser sustentável e incluir as gerações futuras.

Como é que a procura do bem-estar dos membros da cooperativa se estende a toda a comunidade? Porque o bem-estar dos membros de uma sociedade globalizada é melhor alcançado através da sua extensão a todos os outros que contribuem de alguma forma ou são afectados por ela.

Utilizo aqui dois conceitos da ICA:

Os valores de auto-ajuda e responsabilidade por si próprio e a ética da responsabilidade social e preocupação pelos outros; e o facto de este princípio estar integrado pela sustentabilidade económica, social e ambiental, dando-lhe um significado corporativo e colaborando no sucesso da cooperativa associada como resultado da sua identificação ética. (Aliança Internacional das Cooperativas, 91)

Qual é o interesse para a comunidade?

A cooperativa é originalmente um recurso para obter a satisfação de uma necessidade comum de uma forma partilhada. É uma alternativa às possibilidades ou à falta de possibilidades e uma aplicação, em vez de obter "força" através da "união". (Aliança Internacional de Cooperativas, 91)

O significado da actividade empresarial da cooperativa está fundamentalmente ligado à sociedade e ao ambiente que têm uma estrutura complexa, diversificada e evolutiva.

Na busca do bem-estar comum, a cooperativa precisa de se relacionar com os representantes dos diferentes interesses da sociedade como governos, autoridades locais, membros de organizações sociais que são afectados pelas suas decisões e acções, diferentes ramos do Estado, empresas interessadas, trabalhadores e associações empresariais, a fim de responder adequadamente com os seus valores e princípios aos interesses do outro como se fossem representantes da própria cooperativa.

A relação numa sociedade evolutiva requer permanentemente que a cooperativa e os membros da sociedade conheçam e avaliem reciprocamente os interesses e características dos outros, e que a sua actividade faça sentido nesse ambiente, a fim de responder eficiente e eficazmente às suas expectativas de bem-estar.

Será que estas cooperativas cumprem este princípio?

Mostram o seu interesse pelas diferentes esferas da sociedade, colaborando com elas:

O poder executivo do Estado através dos Ministérios da Habitação e do Urbanismo, na discussão e posterior apoio às políticas públicas, e a participação activa na sua aplicação, como pioneiros no investimento e na aplicação;

O Ministério da Economia como entidade controladora;

O Ministério e o Conselho do Ambiente, fazendo declarações ambientais para incorporar actividades de atenuação do impacto em todos os empreendimentos habitacionais que constroem;

O Ministério dos Transportes para avaliar os estudos de impacto urbano e o transporte dos mesmos projectos;

- O ramo legislativo através de comités de habitação e de planeamento urbano em ambas as câmaras, emitindo pareceres em discussões sobre legislação sectorial;
- Autoridades governamentais locais, municipais e regionais;
- No sector cooperativo e entidades sem fins lucrativos para a habitação, na COVIP, a associação que as agrupa;

O Fórum Cooperativo que agrupa grandes cooperativas de diferentes sectores;

- No sector privado da indústria da construção com participação na Câmara Chilena da Construção;
- O sector industrial dos materiais de construção;
- Empresas concessionárias de serviços públicos;
- Bancos e entidades financeiras para financiamento a curto prazo e hipotecário;
- Companhias de seguros;
- Profissionais externos que prestam serviços temporários em alguns projectos;
- A comunidade local, com organizações de vizinhos residenciais e comerciais em locais onde os diferentes projectos são construídos;
- Trabalhadores e sindicatos.

Conclusão final

Os valores cooperativos são permanentes e, embora os seus princípios sejam permanentes, não são imutáveis e devem ser adaptados às características que foram descritas, respondendo à sociedade no momento em que são aplicados.

Estes princípios contribuem para o cumprimento da Agenda 2030. Deve ser tomada nota especial da contribuição específica para as famílias que emergem da situação de pobreza e se juntam, juntamente com os seus filhos, nos benefícios da sociedade.

Pode ter havido erros ou uma desconexão com as mudanças na sociedade na sua aplicação, que podem ser corrigidos para os adaptar ao significado do movimento cooperativo.

A qualidade ética e profissional do fenómeno analisado num país distante, a sua identificação com os valores e princípios que foram descritos, e o seu compromisso solidário tornam possível endossar a extensão universal da validade do movimento cooperativo.

Notas

I. "Parece-me que a ideia do valor é a condição na qual a coexistência de várias pessoas é possível para a mutualidade dos seres livres...O primeiro "valor" é que o outro existe como pessoa. Nesse sentido, nada é mais concreto: é o "rosto" do outro, como diz Emmanuel Levinas, que me diz: "Não me matem", e em termos mais positivos: "Ama-me": Eu sou outro tu". (Ricoeur, P., 2009, 144)

II. "que mostra a experiência de: "Ama-me desde 1989 é que as circunstâncias mudaram, e foi relevante ter sabido demonstrar no momento apropriado que a sua natureza corporativa se reflectia na cultura empresarial que permeava a sua gestão, respondendo não só com a eficiência necessária, mas especialmente às necessidades dos seus membros (beneficiários) e às expectativas do ambiente público e privado". (Santelices R. 19)

III. "mas o maior problema no século XX é o acesso aos direitos sociais à repartição equitativa no que respeita à distribuição de bens comerciais e não comerciais à escala planetária. A esse respeito, o que os cidadãos de todos os países sofrem especialmente é o flagrante contraste entre a mesma atribuição de direitos e a distribuição desigual dos bens". (Ricoeur P. 2005. 207)

IV. A dignidade da pessoa e os seus direitos são o apoio ético da empresa que, com todas as diferenças e heterogeneidade da sociedade contemporânea, a reconhece como o fundamento ético comum, incluindo no seu objectivo central o que Kant expressou: "o homem, e, em geral, todo o ser racional, existe como um fim em si mesmo e não apenas como um meio para qualquer uma das utilizações desta ou daquela vontade, e deve ser considerado sempre ao mesmo tempo que o fim em todas as suas acções, não apenas acções dirigidas a si próprio mas também acções dirigidas a outros seres racionais" (Kant, 2015; 29), e esta é uma premissa anterior a qualquer raciocínio estratégico, decisório. (Santelices R. 2019 B, 53)

V.   "Penso que os sistemas devem ser apreciados muito concretamente de acordo com o duplo objectivo para toda a humanidade e para a pessoa singular" (Ricoeur, 2009, 167)

VI.   "Em relação à propriedade ele afirma que os Clientes são proprietários da cooperativa, e cada pessoa é proprietária de certificados de participação. Ninguém pode vendê-la sem o seu consentimento. Isto não significa que os membros sejam capazes de a desmutualizar. A cooperativa não pertence apenas ao grupo actual de membros; é uma empresa com um legado intergeracional em benefício dos membros actuais e futuros. A filiação não pode ser transferida, uma vez que não existe mercado para os certificados de participação. Os clientes também controlam a cooperativa. Como membros, são parte integrante da estrutura governamental com poderes baseados na filiação pessoal. Todos têm direito a voto, independentemente do montante do capital investido". Tradução pessoal. Birchall, 214 Resilience in a downturn. O poder das cooperativas financeiras; International Labor Office - Genebra ISBN 978-92-2-327031-5

VII. "auf das Identitätsprinzip ein, nach dem man eine Genossenschaft an der Identität von Trägern und Kunden (bzw. Lieferanten) erkennt. Dieses identitätsprinzip, das man mit Benecke besser Identitätskriterium nennen sollte, weil dadurch seine Eigenschaft als äusseres Erkennungsmerkmal". (Eschenburg, R. 110) "sobre o princípio de identidade, segundo o qual uma cooperativa reconhece a identidade dos membros como prestador do serviço e clientes (ou fornecedores). Este princípio de identidade, que deve ser chamado um critério de identidade de acordo com Benecke, porque é assim que é reconhecido por essa característica como a característica distintiva. Dass die Formulierung Identität von Trägern und Kunden nur Genossenschaften ohne jedes Nichtmitgliedergeschäft als solche bezeichnet, scheint mir nicht zwangsläufig zu sein. (Eschenburg, R. 110) "Não me parece inevitável que o termo identidade de membros e clientes se refira apenas a cooperativas, sem que haja outra forma de empresa em qualquer outra empresa que satisfaça os requisitos como tal".

VIII. Artigo 24: "O conselho de administração, que será eleito pela assembleia geral, é responsável pela gestão de topo da empresa e representa a cooperativa judicial e extrajudicialmente para o cumprimento do objecto social, não obstante a representação que é da responsabilidade do gestor, tal como previsto no artigo 27 do presente documento. Decreto Estatutário 5 Última Modificação: 12-ENE-2019 Lei 21130.

IX. Artigo 28º: A Lei 19.832 da Assembleia Geral nomeará um Comité de Fiscalização que será composto por um máximo de 5 membros, e 2 deles poderão ser pessoas de fora da cooperativa que cumpram os requisitos estabelecidos no regulamento. O objectivo desse comité será examinar a contabilidade, inventário, balanço e outras demonstrações financeiras e as outras responsabilidades estabelecidas nos estatutos e no regulamento. Decreto Estatutário 5 Última Modificação: 12-ENE-2130 Lei 21130.

X. Deve existir respeito mútuo entre as duas diferentes funções que são da responsabilidade estratégica de governação do conselho executivo e as tarefas diárias de gestão comercial dos executivos. (Aliança Cooperativa Internacional. 28)

XI. As cooperativas de múltiplos partidos, que são cooperativas com mais de um grupo de membros como consumidores, empregados, empresários independentes, e entidades jurídicas que surgiram nas últimas décadas, caracterizam-se por disposições específicas nos estatutos que antecipam uma representação adequada das diferentes partes interessadas, por exemplo, diferentes sistemas de avaliação em cada categoria de partes interessadas. (Wilson. 19)

XII. É também necessária a separação dos poderes democrático e executivo, com controlos e equilíbrios adequados sob o controlo dos membros. Estes terão de ser estabelecidos através de diferentes órgãos da cooperativa, que serão responsáveis pela organização das eleições, determinação da estratégia de governação, e supervisão das auditorias e relatórios de governação dos membros. (Aliança Cooperativa Internacional. 17).

XIII. O controlo democrático pelos membros não se limita simplesmente aos procedimentos formais nas assembleias gerais, inclui também a separação de poderes como num Estado moderno com controlos e equilíbrios exercidos internamente. Esses controlos e equilíbrios são importantes numa cooperativa individual, mas são também fundamentais em cooperativas de segunda e terceira classe. São também importantes em grupos cooperativos que têm estruturas mais complexas como ecossistemas nacionais e internacionais de comércio e transformação, onde as cooperativas são integradas em cadeias de valor globais compostas por diferentes tipos de empresas e entidades, incluindo agências estatais". (Wilson. 20)

XIV. "O progresso nas tecnologias modernas de informação e comunicação fornece novos instrumentos para envolver os membros nos processos democráticos da cooperativa. As "tecnologias livres" têm facilitado a criação e circulação do conhecimento com processos de inovação colaborativos destinados a desenvolver soluções cooperativas. Ao mesmo tempo, deve ser dada atenção à literacia digital e à educação para reduzir o fosso flagrante que existe entre os países". (Wilson 20)

XV. "Todos os membros eleitos do conselho de administração são responsáveis pelas suas acções perante os membros da cooperativa, quando são eleitos e durante os seus mandatos. De acordo com o segundo princípio, as cooperativas têm de responsabilizar o conselho administrativo pelas principais decisões empresariais e assegurar uma renovação democrática contínua, apresentando novos candidatos para os cargos eleitos" (Wilson. 20)

XVI. De acordo com o segundo princípio, os membros eleitos para ocupar cargos de responsabilidade numa cooperativa têm de reflectir a diversidade dos seus membros. Devem ser tomadas medidas positivas para encorajar as pessoas em grupos de membros sub-representados a concorrer às eleições nas estruturas governamentais. (Wilson. 21)

XVII.   O artigo 21 dos Estatutos da Cooperatives Europe estipula: "A composição do conselho de administração deve reflectir a diversidade de idade e género, garantindo uma proporção mínima de 40% na diversidade de género". Em 2020 a Assembleia Geral de Cooperatives Europe adoptou uma "Carta de Compromisso" que inclui uma secção sobre igualdade de género que diz: "Só através da inclusão, participação, coesão e empoderamento das diferenças podemos avançar no caminho da mudança, que sabemos ser um elemento crucial para responder aos desafios sociais e económicos que o mundo está a enfrentar". (Wilson, 21)

XVIII. Os membros de uma cooperativa são os que estão no controlo em última análise. Fazem-no activamente de forma democrática, através do direito de voto em decisões estratégicas chave sobre políticas e do direito de participar na eleição de representantes que controlam as actividades diárias da sua cooperativa. (Aliança Cooperativa Internacional. 18)

XIX.   Os acordos que são adoptados garantem um controlo democrático real e eficaz por parte dos membros, em vez de ter uma democracia teórica controlada por um gestor ou por uma elite que se perpetua. (Aliança Cooperativa Internacional. 19) "Alguns códigos de governação estabelecem limites de três anos de mandato, após os quais o representante tem de concorrer à reeleição, com um limite máximo de nove anos. Outros, incluindo a Aliança, têm limites máximos de mandato mais elevados: o tempo máximo que uma pessoa eleita pode permanecer no conselho de administração da Aliança é de dezoito anos". (Aliança Cooperativa Internacional. 29)

XX.   A regra de ouro do cooperativismo, o quinto princípio da educação, torna obrigatório o ensino geral e a formação profissional dos membros e dos seus empregados para que possam crescer intelectualmente e no seu trabalho. Ao mesmo tempo, dá informações sobre a natureza e os benefícios da cooperação para a sociedade, especialmente para os jovens e líderes de opinião. E começa-se a observar uma dimensão mais abrangente do cooperativismo neste princípio, que espera que a sociedade transfira para ela os benefícios da cooperação, algo que também irá acontecer com os últimos princípios cooperativos.

XXI. Esta é uma actividade essencial porque é fundamental para o sucesso e sustentabilidade de qualquer empresa cooperativa (International Cooperatives Alliance. 64)

XXII. A "formação" consiste em desenvolver as aptidões práticas que os membros e empregados necessitam para liderar uma cooperativa de acordo com práticas empresariais éticas e eficazes e para controlar democraticamente a empresa cooperativa (International Cooperatives Alliance. 65)

XXIII. A educação consiste em compreender a identidade cooperativa e as suas regras e saber como aplicá-las nas operações diárias de uma empresa cooperativa. Abrange também uma educação cooperativa mais ampla através do sistema educativo regular. A formação consiste em desenvolver as competências práticas de que os membros e empregados necessitam para dirigir a sua cooperativa de acordo com práticas empresariais eficientes e éticas e para controlar democraticamente a sua cooperativa de uma forma responsável e transparente. O objectivo da informação é que o público em geral, "especialmente os jovens e os líderes de opinião", conheça as cooperativas e os benefícios que elas contribuem para a sociedade em geral. Reúne os membros de informação da cooperativa que necessitam de exercer o controlo democrático da sua empresa, bem como a informação e o conhecimento que é trocado entre cooperativas. (International Cooperatives Alliance. 65)

XXIV. Com efeito, em primeiro lugar, a cooperativa apresenta uma dimensão que atende à pessoa e ao seu benefício, uma vez que se trata de uma reunião de pessoas que partilham interesses e tencionam realizá-los. Esta realização terá lugar imediatamente entre todas elas e não de qualquer forma antiga, mas através de uma empresa que pretende exibir alguns Princípios de valor específico. A fim de atingir esse objectivo, a cooperativa vai actuar de acordo com princípios. (Martínez Charterina A. 37)

Acrónimo

ICA   Aliança Cooperativa Internacional

SDG Objectivos de Desenvolvimento Sustentável

PIB   Produto Interno Bruto

Referências

Alianza Cooperativa Internacional. 2015, Notas de orientación para los principios cooperativos. Bruselas, Alianza Cooperativa Internacional

Birchall J. 2014. Resiliência em baixa: O poder das cooperativas financeiras; Oficina Internacional del Trabajo. - Ginebra ISBN 978-92-2-327031-5 (web pdf)

Blomeyer, W. 1988 Genosenssenschaftliches Ehrenamt und Vier Augen Prinzip. Zeitschrift für das gesamte Genossenschaftswesen. Band 38, Heft 3 pag 164, 175. Nürnberg, Vandenhoeck und Ruprecht ISSN 0044-2429

Cortina A. 2017, Aporofobia, el rechazo al pobre, Un desafío para la democracia. ISBN 978.950-12-9600-6 Buenos Aires, Paidós.

Eschenburg, R. 1973 Konflikt oder Harmonietheorie der Genossenschaften Soderdruck aus Zeitschrift für das gesamte Genossenschatswesen) Band 23 (1973) Heft 2 2 Quartalsheft 1973 pag 101, 114. Nürnberg, Vandenhoeck und Ruprecht

FOUSKAS P. e D'ISANTO F. 2021 Será que a quota de mulheres gestoras afecta a distribuição geográfica da empresa? Provas do Reino Unido.JEOD - Vol. 10, Número 2 (2021)

Classificação JEL: G34, J16, L21, M21 | DOI: 10.5947/jeod.2021.007

OIT 2022 , Actas 7ª Conferencia Internacional del Trabajo - 110.ª reunião, 2022 Fecha: 09 de junio de 2022, Ley General de Cooperativas Web. Mayo 2022 https://asociatividad.economia.cl/wp-content/uploads/2020/03/ Ley-Generalde-Cooperativas.pdf

Martínez Charterina, A. 2015. Las cooperativas y su acción sobre la sociedad Revista de Estudios Cooperativos, núm. 117, enero-abril, pp. 34-49 ISSN : 1135-6618 Madrid, REVESCO

Messina A.L. 2020, Feminismo e Revolução. Crónica de una inquietud, Santiago 2019 fragmentos de una paz insólita. Edición Metales pesados, Santiago

Moreno L. 2017, Del diagnóstico compartido a los cambios de solución. Revista Mensaje, Octubre 2017 N°663, 37-40, Santiago do Chile. Mori P.A. (2014) "Community and cooperation: the evolution of cooperatives towards new models of citizens' democratic participation in public services provision", Euricse Working Paper n. 63 | 14. Naciones Unidas. 2018, La Agenda 2030 y los Objetivos de Desarrollo Sostenible: una oportunidad para América Latina y el Caribe (LC/G.2681-P/Rev.3), Santiago.

Ricoeur, P. 1991, Ética y moral. Traducción de Luz María Traverso. Seuil. París

2005, Caminos del reconocimiento. Editorial Trotta, Madrid
2006, Sí mismo como otro. México, Siglo XXI,
2009, Ética y cultura. Buenos Aires, Prometeo,
Santelices R. 2019, Los frutos de la Permanencia. Una cooperativa de vivienda en un mercado neoliberal. Ril editores, Santiago

2019 B., Ética discursiva de responsabilidad social de la empresa. Ril editores, Santiago 19

Wilson, A. y Otros. 2021, Analicemos nuestra identidad cooperativa. Bruselas, International Cooperative Alliance,

CAPÍTULO 3

Ética discursiva da responsabilidade social cooperativa

Identidade.

1. Abstrato

Se a ética cooperativa, C.E., for de origem discursiva, pode genuinamente incluir princípios tradicionais na sua constituição, cuja práxis caracteriza e fornece a base para esta associatividade.

Reconhecendo a responsabilidade social e solidária com cada um deles sob o mesmo raciocínio discursivo com a participação igual e justa de todos os grupos de interesse dos vários sectores na sua estrutura, como o ambiente e as partes interessadas afectadas.

Que se exprime nos requisitos mínimos universais que orientam todas as suas decisões e acções, tornando-a identificável e reconhecível como cooperativa.

O C.E. discursivo proposto permite avançar na actualização da prática dos princípios cooperativos, especialmente nos domínios da aplicação democrática daqueles que exercem a sua participação.

O seu princípio e a sua finalidade são a dignidade igualitária do outro como a si próprio, comprometendo todas as outras esferas da sua acção como um meio para a alcançar.

2. Palavras-chave

Ética do discurso; Responsabilidade social; Universalizabilidade; Mínimos exigidos; Auto-estatuto do outro. Ética do discurso; Responsabilidade social; Universalizabilidade; Mínimos requeridos.

3. Introdução.

Um fenómeno hermenêutico onde coincide a preocupação com os mais diversos grupos sociais do mundo, afectando indiscriminadamente pessoas de todas as diferentes culturas, raças, crenças, línguas e profissões; é o comportamento das empresas nas suas missões nas sociedades onde operam.

Lamento dizer que, tal como qualquer análise filosófica, me perguntarei sem ter encontrado a resposta, aquela resposta que normalmente precisamos de ter numa empresa cooperativa antes de tomar uma decisão ou tomar uma acção. Procurarei a resposta no campo da filosofia. Proporei um caminho onde encontraremos uma resposta intersubjectiva e colectiva à pergunta "como é que concordamos com a ética cooperativa (EC) com a maior universalidade possível no tempo e no espaço considerando os participantes de todos os continentes neste congresso de investigação, antes do 33º Congresso Cooperativo Mundial em Seul?".

Com base na premissa de que a investigação sobre identidade cooperativa irá sugerir uma contribuição para o caminho da melhoria contínua e do desenvolvimento da formulação dos requisitos mínimos universalizáveis de C.E. propondo que estes sejam discursivos e exerçam Responsabilidade Social.

Embora os termos ética e moral sejam expressões que são identificadas no seu uso diário, e etimologicamente são normalmente confundidas e com o mesmo significado, desta vez vamos dar-lhes um significado diferente que é apropriado a cada um: vamos entender a moral como um modelo que explica o comportamento ao nível dos actos da vida diária; a ética justifica a moral, colocando-a no nível de consciência onde o seu significado é orientar a aplicação dos "princípios éticos descobertos na vida diária" (Cortina, 2011; 20.)

Por outras palavras, a dimensão moral regula os actos da vida quotidiana de acordo com o comportamento da cooperativa, e a ética questiona o fenómeno e o significado na cooperativa. (Santelices, 2019, 27)

A moral cooperativa inclui os seus próprios valores éticos como a satisfação das necessidades humanas que define o seu propósito fundamental; a promoção da iniciativa pessoal dos seus membros, incluindo os membros que trabalham em cooperativas; o dar sentido à sua actividade num quadro de justiça incorporando o interesse comum; a solidariedade ou co-responsabilidade com a sociedade no seu ambiente; a adopção de riscos razoáveis para manter o crescimento necessário. Isto é feito com respeito pela legalidade e cultura existentes na sociedade no seu ambiente; a ética e a CE estão acima da lei, e é possível que nem tudo o que é permitido por lei esteja de acordo com a sua orientação.

C.E. responde às características da orientação do seu pensamento contida nos princípios definidos pela Aliança Cooperativa Internacional, ACI, na sociedade do seu meio, desenvolvendo essas éticas para orientar os actos dos seus membros; as diferenças podem ser observadas na ética de cada cooperativa de acordo com o significado que cada cultura imprime na sociedade.

Embora C.E. sejam o resultado do pensamento de cada sociedade, aspiram a ser universais nessa sociedade, em harmonia com a universalidade plurinacional que circunscreve a acção comunicativa em todo o mundo. É uma aspiração que dificilmente é válida para outras comunidades noutros tempos e circunstâncias. O significado de C.E. não é o de dirigir o comportamento. Não pretende dizer a todas as pessoas ou cooperativas o que é bom ou mau; esse é o objectivo da moral.

A ética que analisaremos agora é o que dá sentido à moral da cooperativa que regula cada uma das decisões dos actos e norma que os contextualiza de acordo com uma valorização. "Parece-me que a ideia de valor é a condição em que várias pessoas podem coexistir, para o benefício mútuo dos seres livres. A justiça não é uma entidade celestial: é a regra para arbitrar exigências opostas...O primeiro valor é que o outro existe como pessoa. Nesse sentido, nada é mais concreto: é o rosto do outro, como diz Emmanuel Levinas, que me diz: ..." ama-me, eu sou outro tu" (Ricoeur, 2009; 144). O interesse individual por si próprio é um princípio radical da ética aplicada civicamente e especialmente de C.E., que consideram o seu objectivo como sendo o bem público.

Bem público que requer a aplicação da justiça "igualdade como conteúdo ético do significado de justiça" (Ricoeur, 2006; 202), virtude que inclui aqueles que estão para além de si mesmos, aqueles que estão relacionados com, ou lidam com, os outros como eles próprios; portanto, Aristóteles coloca a justiça acima de todas as outras virtudes, porque o seu exercício não só beneficia a pessoa que a exerce, mas é um bem para os outros" porque quem a possui pode comportar-se virtuosamente para os outros e não apenas para si próprio" (Aristoteles, 2007; 155). Que C.E. sejam discursivos é uma aspiração deste artigo, uma exigência que surge, entre outras causas, da ligação de C.E. com a ética cívica, permitindo que as suas características sejam o produto de um diálogo entre a cooperativa e outras partes afectadas[1]. C.E. não é heterónomo, não se deve a uma imposição histórica nem resulta da criação de um grupo de pessoas de prestígio; reside numa construção solidária através de uma acção comunicativa do mundo na vida da cooperativa que tem em consideração o património cultural do ambiente onde essa acção tem lugar. Esta exigência de ser dialógica, racional e argumentativa exige uma fronética.

Devido à sua natureza solidária, a cooperativa recebe procedimentos de ética cívica para formular os seus princípios utilizando a hermenêutica crítica, o que lhe permite adoptar uma orientação universal que inclui os interesses mínimos exigidos de cada um dos grupos de interesse afectados.

A ética, radicalmente orientada pelo pensamento da sociedade em que a cooperativa está inserida, baseia os seus princípios com uma aspiração de universalidade racional e emocional, sem se limitar a princípios apriorísticos de convicção. O seu objectivo e princípio básico é a justiça e o bem-estar dos seus parceiros e de todos os que são afectados ou participam nas suas decisões e acções. Afirmando a orientação dos princípios do seu comportamento numa verdade que é alcançada dialogantemente, através da racionalidade argumentativa, o que lhe permite ser valorizada moralmente num quadro de justiça no processo solidário de produção dos bens ou serviços que constituem o seu objectivo.

---

[1] *"pessoas afectadas ou todas as pessoas afectadas"* devem ser entendidas neste artigo como todos os homens e mulheres do ambiente que, devido às consequências e efeitos decorrentes das acções ou decisões da cooperativa, dos seus impactos ou atenuações, vêem os seus interesses afectados positiva ou negativamente, quer como partes interessadas, consumidores, fornecedores, financiadores, trabalhadores, profissionais externos, agências estatais, ou representantes dos interesses do ambiente ou dos animais.

Se a ética for discursiva, transmitirá a cada cooperativa a confiança da sociedade no seu ambiente, que é essencial para atingir os seus objectivos sociais e os da actividade que desenvolve.

Através da reflexão e do diálogo racional C.E. aspira a concordar com os princípios mínimos exigidos, com uma pretensão de universalidade no multiculturalismo e diversidade do mundo, na vida do meio em que cada uma das entidades actua, procurando o bem-estar dos seus membros e de si próprio e dos outros que são afectados.

Para que serve realmente a ética? é o título de um ensaio da Filósofa Dra. Adela Cortina afirmando que somos inexoravelmente seres morais e explicando como tirar o máximo partido dessa condição humana. Ela responde à pergunta com os nove seguintes argumentos "utilitários" que apoiam a necessidade de desenvolvimento de C.E.:

- Para baixar os custos e criar riqueza;
- Para cultivar o bom carácter;
- Querer cuidar de si próprio e cuidar dos outros;
- Passar do egoísmo estúpido à cooperação inteligente;
- Conquistar solidariamente a liberdade;
- Reconhecer e estimar o que tem valor inerente;
- Ser profissionais, e não apenas técnicos;
- Para construir uma democracia autêntica;
- Para combinar justiça e felicidade:

4. Ética cooperativa C.E. na ética empresarial como parte da ética aplicada

Ética, $\eta\theta o\varsigma$, também significa carácter. Por outras palavras, a virtude, o carácter, resulta da aplicação da razão à capacidade de querer e aos estados emotivo-passivos a ela relacionados," (Boeri, 2007; 158) como resultado da razão e da emoção. Não é puro conhecimento, mas a aplicação do conhecimento ao uso prático, à acção.

Para Gadamer a grande contribuição aristotélica que não deve ser esquecida consiste em "ligar a razão prática às situações da vida e concentrar-se na condicionalidade do ser moral, especificando o aspecto universal em cada uma das situações" (Conill Sancho, 2010; 147).

A ética da cooperativa.

A ACI, que nos convida a investigar agora, define as cooperativas de forma universal. Isto permite-nos recorrer à voz oficial do expoente mais importante das cooperativas, que anuncia que de acordo com a definição de identidade cooperativa cada uma das associações desta natureza é "uma associação autónoma de pessoas que se reuniram voluntariamente para abordar as suas necessidades e aspirações económicas, sociais e culturais comuns através de uma empresa de propriedade conjunta e controlada democraticamente".

(https://www.ica.coop/en/cooperatives/cooperative-identity, 2021)

A ACI propõe que nessas associações, que são instrumentos corporativos que controlamos democraticamente como propriedade pública cooperativa, reunimos voluntariamente um grupo de pessoas para gerir solidariamente com uma contribuição conjunta para cobrir as necessidades e obter os bens ou serviços a que aspiramos como um objectivo. Esses bens e serviços podem estar nas mais diversas esferas da actividade humana, económica, social, cultural, ambiental, etc.

"São empresas que pertencem aos seus membros, que as dirigem e gerem. Independentemente de os seus membros serem clientes, empregados ou residentes, todos têm o mesmo voto na actividade da empresa cooperativa e a mesma distribuição de lucros.

Como empresas baseadas em valores para além da simples obtenção de lucros económicos, as cooperativas partilham alguns princípios acordados internacionalmente e actuam em conjunto para construir um mundo melhor através da cooperação". (https://www.ica.coop/en/cooperatives/cooperative-identity, 2021).

Nós, cooperativas, dizemos ao mundo quem somos, fornecendo os elementos precisos necessários para familiarizar todos com as nossas características, incluindo os nossos interesses. Podemos começar a construir a nossa ética, a ser julgados e confiados no ambiente em que cada pessoa desempenha as suas actividades, contribuindo com orientações detalhadas e conselhos às empresas cooperativas sobre a livre aplicação dos princípios de auto-ajuda, auto-responsabilidade, democracia, igualdade, justiça e solidariedade na esfera dos valores éticos da honestidade, atitude receptiva, responsabilidade social, e respeito pela dignidade dos outros.

A dignidade é considerada em primeiro lugar na segunda pessoa: a sua liberdade; a sua liberdade vem em primeiro lugar. A liberdade ética não é uma aspiração que vem de cada um de nós; a sua origem é o outro que nos interpela, exigindo ser igual a mim ou a nós. A cooperativa exige a dignidade das pessoas nos seus princípios para que o tenhamos a si, o outro eu, como eu, como eu próprio, o que resulta em considerarmo-nos na nossa relação com a comunidade do nosso ambiente no sentido de "Eu sou o meu próprio próximo, porque sou o próximo dos meus vizinhos" (Ricoeur, 2009; 143).

Desde a cooperativa de pesca artesanal numa pequena enseada no extremo sul do mundo, ou os colectores de cartão e plástico para reciclagem na cidade de Buenos Aires, até cada uma das 835 cooperativas alemãs de energias renováveis com mais de 200.000 membros e investimentos de 3,2 mil milhões de euros, a cooperativa desenvolve a sua actividade numa sociedade tecnológica onde a própria técnica é o fenómeno que se impõe. Em cada cooperativa, é dada prioridade à dignidade das pessoas com quem lida no sentido da sua acção, colocando este tipo de associativismo no contexto do mercado solidário. À luz de um consenso comummente reconhecido, afirmamos a dignidade das pessoas como o primeiro princípio. É estabelecido e reconhecido que os seguintes sete princípios constituem o nosso *Ethos,* e são a característica que identifica a natureza das nossas associações: 1. Adesão voluntária e aberta; 2. controlo democrático dos membros; 3. participação económica dos membros; 4. autonomia e independência; 5. educação, formação e informação; 6. cooperação entre cooperativas; 7. sentimento comunitário.

Esta é a formulação radical da nossa ética. Apresento-a porque C.E. é o elemento transversal que permite mostrar, na vida quotidiana, a característica associativa que nos identifica permanentemente. A minha afirmação para a consideração desta Conferência de investigação sobre a identidade cooperativa baseia-se nesta ideia, que C.E. é alcançada discursivamente, tentando responder com validade universal e sem aspiração de verdade absoluta, tais como as seguintes questões

É necessário que C.E. seja discursivo na sua origem?

A responsabilidade social é essencial para C.E.?

Podemos identificar solipsisticamente com estas características estabelecidas principalmente no século XIX?

Seria aceite uma ética que reconheça essas características na acção comunicativa das cooperativas como uma norma válida no reconhecimento da dignidade dos seus membros sem incluir as pessoas que formam o seu ambiente no nosso avançado século XXI?

5. Ética discursiva

C.E., formulado geralmente por comités de membros ou administradores superiores em estruturas cooperativas e controlado por códigos de ética que são divulgados entre membros e trabalhadores, aspira à universalidade, a fim de orientar a conduta da sua associação para alcançar o bem comum, o que constitui representar a ética cívica como um fenómeno.

Proponho que a sua formulação ou actualização seja discursiva com inclusão no diálogo de todas as pessoas afectadas no seu ambiente, porque quem julga se as suas acções se adaptam a critérios de justiça e prudência, igualdade, equidade, respeito e protecção do ambiente, não discriminação, e os valores que são exigidos entre os princípios cooperativos estabelecidos, é cada um dos membros da sociedade afectada.

Seguindo Jürgen Habermas, podemos propor que se a definição de CE for discursiva, deve estabelecer que todos os que tentam seriamente participar num argumento para o definir aceitem implicitamente suposições pragmáticas universais que têm um conteúdo regulador; assim, o princípio ético deve derivar do conteúdo dos argumentos cuja análise todos concordam (Habermas, 2018 b; 19).

A ética das nossas associações orienta o comportamento que terá efeitos em múltiplos ambientes e grupos de partes afectadas com interesses diversos.

A globalização, universalidade do nome "COOP", e a sua condição contemporânea torna difícil determinar uma ética universalizável que identifique e represente as suas características, porque a diversificação das pessoas afectadas exige uma racionalidade discursiva, considerando que "as regras susceptíveis de universalização são precisamente as que podem contar com a aprovação geral e a obtenção do reconhecimento intersubjectivo, quando claramente incorporam um interesse comum de todas as pessoas afectadas" (Habermas, 2018; 76).

1. Como a justiça, o bem comum e a felicidade dos seres humanos é o propósito da ética, C.E. complementa-a com princípios como a liberdade, solidariedade com todos, especialmente com os pobres, igualdade, não discriminação, integração, diversidade, direitos laborais, protecção do consumidor, preço justo, protecção do ambiente, rejeição da corrupção e

2. aplicação de princípios e valores cooperativos radicais na sua cultura empresarial devido à aspiração de lealdade à sua cultura e originalidade.

C.E., que pretende orientar as cooperativas na diversidade, exige que as seguintes pessoas sejam susceptíveis à respectiva universalidade inclusiva:
incluir normas de interesse comum para todas as pessoas afectadas;
ter aprovação geral e obter a aquiescência de todos.

Se C.E. for discursivo, todas as normas válidas devem preencher a condição de que as consequências e os efeitos seguintes satisfaçam os interesses de cada parte afectada e possam ser aceites por eles.

A acção dialógica argumentativa que aspira à validade e racionalidade dos interlocutores estabelece a plena capacidade de considerar as perspectivas de todas as partes afectadas pelas suas decisões e acções a fim de alcançar a universalidade das suas virtudes, princípios e valores sobre as preferências individuais, de acordo com a reflexão de *si mesmos* e a convenção alcançada; por outras palavras, "alienando-se a favor das relações interpessoais estabelecidas comunicativamente" (Habermas 2018 b; 19), renunciando à racionalidade dos argumentos em apoio do melhor raciocínio intersubjectivo a que se conformaram.

A acção comunicativa para este fim exige a participação de oradores que representam os interesses de todos os grupos de pessoas afectadas, tanto dentro da sua estrutura associativa empresarial como no seu ambiente.

A necessidade da cooperativa de agir de acordo com a ética aceite pelo seu ambiente, incluindo a ética da organização universal que a identifica, não se deve apenas à obrigação de ter em conta o que os *outros*, afectados, esperam dela, mas porque o seu objectivo é o "bem-estar" para a sua própria dignidade e a dignidade de todos, que exige que ela responda a essa ética e seja identificada por eles.

A cooperativa abre uma alternativa: aos outros, cujos interesses são afectados para que possam apreciá-la moralmente e reconhecer nos seus actos as suas virtudes mínimas exigidas, princípios e ética, tornam fácil para todos confiarem nela e para que outros a reconheçam como sendo de natureza cooperativa. Recorrendo a García Marzá quando se refere à ética de gestão, a ideia que C.E. comunica nesta perspectiva consiste em afirmar que uma cooperativa merece ser descrita como ética quando alcança, ou é capaz de alcançar, o acordo de todas as partes, por outras palavras, quando pode concordar com todos os interesses de todos os participantes afectados em jogo na acção comunicativa (García Marzá, 2004; 162).

A fim de dar sentido a uma cooperativa, esta deve conseguir que todas as partes afectadas cheguem a acordo como participantes sobre um discurso prático para o qual cada uma dessas normas seja válida. Interpretando Habermas, esta acção comunicativa discursiva requer um verdadeiro esforço cooperativo, uma tarefa conjunta empreendida por todas as partes afectadas.

Nessa acção dialógica, os interlocutores válidos afectados são obrigados a participar em pé de igualdade, a fim de chegarem a acordo sobre o *ethos* da cooperativa, considerando as características da cultura do meio afectado, e estarem dispostos a aceitar a possibilidade do seu próprio erro argumentativo na declaração de princípios de C.E., dando prioridade à preocupação pelo bem comum.

A participação dos interlocutores válidos que são afectados pode ser entendida como um processo virtual de compreensão mútua *"que, pela sua própria forma, exorta todas as partes envolvidas a assumirem simultaneamente papéis".* Tornando possível transformar os papéis desempenhados por cada um individualmente e em privado numa acção colectiva pública *"praticada intersubjectivamente por todos". (Habermas, 2018 b; 18)*

A forma discursiva na cooperativa pode expressar uma actualização na realização das suas normas éticas, baseando essa prática na consideração mais avançada dos seus princípios acima enunciados, incluindo

- Controlo democrático, passando pelo limite da eleição dos membros do conselho de administração e controlo, e decidindo sobre assuntos relevantes da sua administração, elevando-o à definição das normas éticas orientadoras de todas as suas decisões e acções; e incluindo não só os seus membros na prática democrática da cooperativa, na busca de normas éticas de validade universal para orientar a moral de cada um dos seus actos. A maioria dos oradores não é suficiente para dar validade às normas e acordos da ética do discurso. Isto exige que se avance para uma aquiescência unânime, com uma disposição disposta a respeitar a integridade de cada pessoa em particular e o plexo vital das relações de reconhecimento recíproco da dignidade de cada um.

• Participação avançada na economia dos membros, no diálogo argumentativo discursivo para validar os mínimos necessários a fim de acordar as normas que definem os princípios de C.E. Com o conhecimento de que nesta associatividade "*ninguém pode afirmar a sua identidade por si próprio*", e devem procurar estabelecê-la mutuamente com todos os participantes no diálogo.

• Educação, formação e informação dos membros sobre assuntos relativos aos negócios da cooperativa, expandindo a esfera do diálogo humano, cumprindo os requisitos a que os oradores devem aderir na acção comunicativa capaz de formular, através da construção argumentativa, as conclusões a que cada um e cada uma delas pode aderir livremente sem quaisquer escrúpulos.

No diálogo ouve-se a opinião fundamentada dos outros; cada orador em condições de liberdade e igualdade comunica a sua opinião fundamentada, e procura-se um acordo entre todos os participantes "em que as suposições de acção com vista à compreensão mútua sejam universalizadas, abstraídas e libertadas de barreiras, estendendo-se a uma comunidade ideal de comunicação que inclua todos os sujeitos capazes de falar e agir" (Habermas, 2018b; 21);

A prática discursiva da acção comunicativa para CE seria uma forma genuína de cooperação que dignifica os participantes, colocando todo o seu esforço colectivo e sacrifício ao serviço do bem comum, o que proporciona o significado intersubjectivo de que uma expectativa de comportamento é boa para todos igualmente.

O CE discursivo é apoiado no princípio de que Habermas define que "só é legítimo reivindicar a validade das normas que poderiam encontrar a aquiescência de todas as partes afectadas como participantes num discurso prático". (Habermas, 2018 b; 67). A universalidade das normas éticas de mínimos necessários para respeitar a dignidade de todos, criadas desta forma, responde à aceitação não só das maiorias, mas também à aquiescência de todos, participantes na acção comunicativa que compõe a cooperativa ou cooperativas e os outros - e os outros - dos seus ambientes que são afectados por elas em certa medida.

A condição de ética discursiva que torna possível a universalidade é a sua aceitação, acordo e conhecimento de todas as partes afectadas, conseguida através da manutenção das normas impostas à acção dialógica prática de cada uma delas, ou seja: tolerância, reciprocidade e liberdade. (Santelices, 2019; 67)

Esta acção dialógica argumentativa - inclusiva, integradora e solidária é um grau superior de prática democrática na tomada de decisões em matéria de cooperação.

Porque quem julgar eticamente não examina por si próprio se a forma controversa de agir da cooperativa é do interesse comum universal estabelecido como orientação ética aceite por todos, mas só o pode fazer argumentativamente em conjunto com todas as partes afectadas que participaram na acção comunicativa; assim, a alienação do eu é praticada em virtude da decisão tomada colectivamente. A ética não é um código de normas para regular e julgar a moral das acções ou das pessoas.

Na acção cooperativa estamos sempre a operar através da nossa relação com os outros, sendo cada um deles um objectivo, tanto no conteúdo como na forma, um objectivo solidário informando cada um das decisões e acções práticas.

Se C.E. é discursivo, inclui respeitar a dignidade de todos e a dignidade de cada um igualmente. Protege as relações intersubjetivas de reconhecimento mútuo com a exigência de solidariedade entre os membros da comunidade, tendo em conta que "todos os sujeitos capazes de falar e agir" (Habermas, 2018 b; 77) estão incluídos, ultrapassando os limites de todas as discriminações.

No processo discursivo, os interlocutores válidos neste diálogo argumentativo concordam, envolvendo-se no progresso da cooperativa com a convicção racional de que devem submeter determinadas decisões e acções à orientação que sentem no quadro da sua cultura. Por outras palavras, o conceito de CE é identificável quando "as decisões, acções e políticas adoptadas, bem como as suas consequências e efeitos relativamente aos interesses em jogo, poderiam ser aceites por todas as pessoas envolvidas (...), presentes (...) e futuras, num diálogo aberto em condições simétricas de participação" (García-Marzá, 2004; 158).

Num diálogo, os interlocutores estão dispostos a reconhecer quais os objectivos e princípios em discussão que devem realmente ser considerados universais, ainda que limitados temporal e culturalmente, uma vez que fazem parte dos mínimos exigidos que permitirão, através de uma argumentação racional, ser aceites por todas as cooperativas a partir das suas perspectivas particulares, permitindo-lhes ser conselheiros sobre decisões e acções pragmáticas particulares. (Santelices, 2019; 68)

A ética discursiva vai além da moral kantiana na sua origem, aspirando a princípios universais alcançados com a acção comunicativa da sociedade, no nosso caso da cooperativa e de todas as partes afectadas através do diálogo argumentativo descrito, sem aceitar a limitação da ética tal como estabelecida na ética heterónoma, que é a autonomia da vontade "Nunca deveria realizar mais do que querer que a máxima das minhas acções se torne lei universal". (Kant, 2015; 9). Para Kant, a acção dialógica e os efeitos da acção não são factores determinantes na universalidade da ética; é a lei em si mesma e nada mais que constitui o bem moral[2] (Kant, 2015; 8)

Para que a acção comunicativa dialógica seja eficaz para alcançar a universalidade, todas as partes afectadas devem cumprir várias formas que lhes permitam ser oradores capazes de expressar os seus interesses e argumentar as suas opiniões em condições de igualdade com respeito recíproco. Uma acção reflexiva de cada participante e posterior emissão de um voto não é suficiente em

---

[2] "nada mais, apenas a representação da própria lei (que evidentemente só se encontra num ser racional) em relação a ela, e não o efeito esperado, é o fundamento decisivo da vontade, pode constituir esse bem excelente a que chamamos bem moral, que já está presente na própria pessoa que age de acordo com essa lei, e não é legítimo esperar qualquer efeito da acção" (Kant, 2015; 8).

si mesma, "é necessária uma verdadeira argumentação quando as partes afectadas participam cooperativamente" (Habermas, 2018; 78); isto reduz os princípios éticos aos mínimos necessários para os seus próprios interesses, porque só com um acordo reflexivo é que todos podem sentir e saber que chegaram à convicção conjunta de forma cooperativa. Só assim se pode saber que a sua opinião está plenamente incorporada na matéria acordada ou que desistiu dela no acordo porque há um melhor argumento a favor da matéria acordada.

O argumento aborda questões teleológicas como o que quero fazer? e o que posso fazer? tentando mostrar aos outros que o objectivo particular procurado é também o objectivo geral da acção dos participantes, chegar a acordo sobre a forma conjunta de tomar uma decisão colectiva para que todas as partes afectadas possam ser convencidas de que a norma proposta é Boa para todos. Uma norma que entre em vigor dessa forma pode ser chamada "justificada", porque é igualmente Boa para todos, tal como foi alcançada através da discussão. A bondade da norma alcançada dessa forma não pressupõe; é o resultado do processo comunicativo de todas as partes afectadas.

É necessário garantir autonomia a todas as partes afectadas na educação da sua vontade, garantindo-lhes a oportunidade de darem a sua aprovação sem a influência de qualquer orador que sugira ou prescreva aos outros o que é bom para eles, assegurando o cumprimento dos princípios de participação e igualdade de poder das partes afectadas na associatividade cooperativa.

A ética discursiva desenvolveu e explicou as regras aplicáveis à participação dialógica de forma permanente com maior precisão e profundidade. Apenas descreverei algumas que se relacionam com os participantes afectados ou com as características ou qualidades da formulação dos argumentos. As regras são significativas devido à sua contribuição para melhorar o exercício dos princípios da democracia e do controlo nas acções diárias da prática cooperativa; contribuem também para a acção comunicativa de formular ou actualizar C.E. na actual complexidade mutante da nossa coexistência social e económica:

"1.1 Nenhum orador deve contradizer-se a si próprio.

1.2 Cada orador que aplica o predicado F a um objecto *a* deve estar disposto a aplicar o predicado F a cada objecto que seja semelhante ao *a* em todos os aspectos importantes.

1.3 Oradores diferentes não podem utilizar a mesma expressão com significados diferentes".

"2.1 Cada orador só pode afirmar aquilo em que realmente acredita.

2.2 Quem introduzir uma declaração ou norma que não seja objecto de discussão deve dar uma razão para tal".

"3.1 Cada assunto capaz de falar e agir pode participar na discussão".

3.2 a) Toda a gente pode questionar qualquer afirmação.

b) Toda a gente pode introduzir qualquer afirmação no discurso.

c) Todos podem expressar as suas posições, desejos, e necessidades.

(referindo-se aos pressupostos pragmáticos de qualquer argumentação)

3.3 Nenhum orador pode ser impedido de utilizar os seus direitos reconhecidos em 3.1 e 3.2 por meios coactivos com origem fora ou dentro do discurso", garantindo o acesso universal e o direito à participação sem coacções. (Habermas, 2018; 98)

C.E. discursivo concordou que essa forma aprofunda o exercício da democracia e torna possível manter que é essencialmente Responsabilidade Social.

6. Responsabilidade **social**

C.E. e a ética cívica gozam mutuamente de uma ligação radical entre si devido à sobreposição de actividades cívicas e cooperativas e à identidade das partes afectadas por uma ou outra, e a linha que separa a esfera cívica da esfera cooperativa é cada vez mais ténue. A ACI reúne mais de 3.000.000 cooperativas que têm mais de 1.000.000.000 de membros em todo o mundo, com cada uma delas a desempenhar simultaneamente na mesma comunidade, através dos seus actos e decisões, os papéis dos cidadãos afectados e dos membros executores respectivamente em cada esfera.[3] Um *Genouhr* mostra que as cooperativas são parte integrante da vida quotidiana com os seus diferentes produtos.

A universalidade dos princípios éticos refere-se também a uma distribuição igualitária do respeito pela dignidade de todas as partes afectadas. A argumentação racional na acção dialógica discursiva dos grupos de interesse permite a validação universal dos princípios que orientam as suas decisões e acções, respeitando a originalidade e a cultura da cooperativa.

A ética cooperativa deve ser praticada em todos os sectores da cooperativa e conhecida publicamente fora dela, para que seja exigida, assumindo responsabilidade social na produção dos bens e serviços que lhe são confiados pela comunidade.

A responsabilidade faz parte do conceito de cooperativa que é incorporado pelo diálogo de acção comunicativa com todos os agentes afectados, a fim de determinar como a cooperativa assume a satisfação dos interesses de todos eles, porque "não estamos perante uma entidade específica que actua de acordo com as decisões de um grupo de interesse, mas na presença de um processo em que as acções ocorrem e os diferentes grupos de interesse são cometidos. (García-Marzá, 2004; 184). A cooperativa procura os resultados das suas acções para beneficiar os interesses dos seus membros, incorporando os interesses de todos os grupos de interesses afectados na sua estratégia de actividade.

A fim de cumprir os postulados pragmáticos relativos ao respeito pela natureza que é afectada, C.E. deve fornecer orientações para que a moral das acções e decisões inclua na responsabilidade social todos os aspectos que mitigam, reduzem ou eliminam os seus impactos ambientais.

---

[3] (https://www.genossenschaften.de) Genossenschaften in Deutschland 06.07.2021 Cooperativas na Alemanha

Relativamente à responsabilidade social é imperativo que a gestão de dados considere as normas de utilização da inteligência artificial e todos os seus derivados, tanto no que diz respeito à administração da informação sobre indivíduos privados, à sua privacidade, como ao acesso virtual ao seu conhecimento e memória por meios robóticos e virtuais em geral.

C.E. de responsabilidade social orienta a moral do seu processo empresarial em todas as esferas considerando o acesso livre e igual aos recursos digitais apropriados, a fim de ter igual participação na informação necessária, na tomada de decisões, na educação cooperativa, e na eleição de representantes dos seus membros, directores, auditores, executivos, trabalhadores, e todos os grupos de interesse que são afectados no seu ambiente, garantindo a igualdade de tratamento de homens e mulheres com paridade de género em todos os sectores.

Parte da discursiva EC de responsabilidade social inclui orientar as definições que serão incorporadas, conforme apropriado, na esfera da neuroética para que a sua actividade proteja a privacidade cerebral dos seus membros e daqueles que lhe estão relacionados.

As cooperativas cumprem a sua responsabilidade social em todas as esferas onde operam, porque aqueles que lhes estão associados em diferentes esferas de actividade compreendem o seu significado como um instrumento para a realização de uma maior dignidade para si próprios e para os outros eus que os rodeiam.

"A responsabilidade para com eles poderia ser sintetizada na fórmula apresentada no Livro Verde da União Europeia: Integração voluntária pelas empresas das preocupações sociais e ambientais nas suas operações comerciais e nas suas relações com os interlocutores" (Cortina, 2004; 28).

O CE discursivo incorpora radicalmente a responsabilidade social, anulando-a se não responder racionalmente e emocionalmente à interpelação que é interceptada pela parte afectada.

Permitam-me referir a declaração feita pelo Sr. Alejandro Romero, CEO de uma empresa transnacional espanhola, há cinco anos quando se encontrava em Santiago, referindo-se à actividade geral das empresas e não às cooperativas: "Nenhum negócio vai sobreviver se não for sustentável e isto não é um convite para cuidar do ambiente, mas para cuidar do consumidor que é também um cidadão. Pelo que define a sua compra, não só porque o produto ou serviço é bom, mas pelo impacto social que causa, se a empresa paga bem aos seus trabalhadores, se tem modelos de recuperação de matérias-primas, se coopera com o Estado, se paga impostos, entre outros". (Diario Financiero, 2016; 12)

K.O. Apel diz que a ética discursiva como ética da responsabilidade não é incompatível com a aplicação da ética da convicção, que são igualmente universalizáveis. Entre a intolerância da ética da convicção e o pragmatismo, existem éticas discursivas de responsabilidade social, que permitem à cooperativa enfatizar a sua legitimação e confirmar o significado do seu próprio propósito.

Considerando a dinâmica do seu processo, a cooperativa é obrigada a tomar decisões para alcançar o seu objectivo numa altura em que nem todas as consequências que devem ser consideradas podem ser incluídas no desenho antes de as circunstâncias exactas terem ocorrido. As acções que devem ser tomadas ou evitadas não podem ser determinadas a priori quando o contexto apropriado é desconhecido, considerando os interesses variados de toda a gama de grupos envolvidos, desde membros e executivos até consumidores, pelos quais é responsável devido ao efeito que as consequências terão sobre eles.

Uma responsabilidade adicional são as condições processuais que informaram o diálogo a fim de assegurar a justiça do acordo que foi adoptado, porque é uma responsabilidade social, e a realização dos seus objectivos é satisfazer os interesses dos agentes internos, membros, directores, colaboradores, tanto mulheres como homens, bem como as novas e mutáveis exigências de todos os outros interlocutores válidos já indicados.

Responder à sociedade é um instrumento de gestão, uma medida de prudência e de exigência de justiça; constitui a obrigação da cooperativa de agir de acordo com as expectativas da comunidade à sua volta, que não podem ser identificadas com a acção filantrópica, nem com a escolha pessoal.

A responsabilidade solidária é *per se* uma parte substancial de C.E.

"A ética não é apenas individual, é também corporativa e comunitária" (Cortina, 2008; 81), porque o cumprimento das suas funções exige assumir responsabilidades com os membros da sociedade no seu ambiente, onde não só os indivíduos mas também a cooperativa são moralmente responsáveis.

O crescimento geográfico e multinacional no raio de acção de muitas cooperativas compromete a responsabilidade solidária de cada uma delas, porque têm de considerar que os seus princípios éticos devem ser rastreados por um maior número de critérios e culturas e os seus níveis internos aos quais devem responder. Há um novo desafio "algo como uma macro ética de responsabilidade solidária, de extensão planetária" (Apel, 2007; 67) que as cooperativas devem assumir para os efeitos das consequências políticas, económicas e culturais que decorrem das suas decisões e acções.

A responsabilidade social faz parte da EC; não tem a sua origem na ética, uma das suas características é que os seus princípios assumem a responsabilidade daqueles que orientam as suas decisões e acções com os seus princípios e valores. A responsabilidade social das empresas não é a consequência da sua ética, é a sua própria ética, porque a sociedade exige que ela responda a todas e cada uma das partes afectadas.

Como a ética a orienta para definir as condições que tornam possível a sua legitimidade e a partir dessa raiz determina os critérios de validade moral, "a responsabilidade social das empresas define o conjunto de acções, decisões e políticas que constituem a resposta que a empresa (cooperativa) oferece às exigências e exigências dos seus respectivos grupos de interesse" (García-Marzá, 2004; 187). Por ter assumido obrigações de fazer e agir de uma forma ou de outra em relação à sociedade no seu ambiente, deve responder pelo seu cumprimento, e ter de responder é ser responsável por algo.

A cooperativa tem responsabilidade social considerando-a como um fenómeno social, legal, económico, comercial, laboral, ambiental, neuroético, etc. O âmbito deste estudo é o próprio fenómeno da responsabilidade social ou solidária, porque quem dá sentido à cooperativa, com a sua exigência de resposta, é o outro, aquele que se posiciona em oposição, é o homem ou a mulher cuja dignidade é o propósito último da cooperativa reflectido na sua ética, que confia que a sua acção é orientada pela justiça, prudência e equidade. (Santelices, 2019; 88)

Neste trabalho tive em conta que a primeira responsabilidade social, uma parte essencial do CE, que será sempre interjectada no raciocínio discursivo da acção comunicativa em todas as sociedades onde a actividade é desenvolvida em cooperação, é a inclusão urgente da dignidade daqueles que sofrem os efeitos da pobreza, que dentro das suas múltiplas dimensões são vítimas da aporofobia, da rejeição daqueles que a vêem sem sofrer dela pessoalmente. Cada cooperativa deve questionar-se se a dignidade de todos os pobres no seu ambiente é igual à que deseja para si própria, se abraça os pobres em cada uma das suas acções como gostaria de ser abraçada se fosse pobre.

C.E. tem actualmente uma dívida não paga relativa à desigualdade de género, que faz parte da resposta que a sociedade espera ver reflectida na orientação dos membros de cada cooperativa.

Em geral, com raras excepções, a desigualdade contra as mulheres na nossa actividade é evidente não só nos países pobres e em desenvolvimento. A participação feminina nos conselhos de administração ou de supervisão, entre os directores executivos e executivos, entre profissionais e trabalhadores em geral não é apenas inferior à participação masculina, mas as mulheres são negativamente discriminadas nos seus salários, poder de decisão, e condições contratuais de trabalho.

Para alcançar o padrão de igualdade de todos os membros em todas as esferas é necessário fazer mudanças radicais e definitivas, sem demora, baseadas na aplicação dos mesmos princípios cooperativos que todos nós professamos. Ambos os temas fazem parte dos mínimos exigidos na formulação de C.E. discursivo de responsabilidade social.

Referências

Apel, K.O. (2007) *La globalización y una ética de la responsabilidad*. Buenos Aires: Prometeo.

Aristóteles (2007).*Ética a Nicómaco*. Introducción, traducción y notas de José Luis Calvo Martínez. Madrid: Alianza Editorial.

Boeri, M. (2007). *Apariencia y realidad en el pensamiento griego*. Buenos Aires: Ediciones Colihue.

Conill Sancho, J. (2010). *Ética hermenéutica*. Madrid: Editorial Tecnos.

Cortina, A (2003). *Construir confianza*. Madrid, Trotta.

(2004). *La responsabilidad social de la empresa y la ética empresarial*. Disponible en: rlillo.educ-salud (fecha de consulta: 21.12.2015)

(2007). *Ethica cordis. Isegoria. Revista de filosofía moral y política, 37, 113-126*.

(2008). *Ética de la empresa*. Madrid, Trotta.

(2010). *Ética mínima*. Madrid, Tecnos.

(2011). *El quehacer público de las éticas aplicadas. Revista latinoamericana de bioética, 42, 173-185*.

(2017). *Aporofobia, el rechazo al pobre*. Buenos Aires, Paidos.

(2017). *¿Para qué SIRVE realmente? La ética*. Barcelona, Paidos.

(2018). *Neuroética y neuropolítica. Sugenrencias para la educación moral*. Madrid, Tecnos

García-Marzá, D. (2003). Confianza y poder: la responsabilidad moral de las empresas de la comunicación. En A. Cortina y A. Sen, *Construir confianza, ética da empresa na sociedade da informação e das comunicações*. Madrid: Trotta.

——— (2004). *Ética empresarial del diálogo a la confianza*. Madrid: Trotta.

——— (2007). Responsabilidad social de la empresa: una aproximación desde la ética empresarial. *Veritas*, II, 17, 183-204.

Habermas, J. (2003). *Acción Comunicativa y razón sin transcendencia*. Buenos Aires, Paidos.

(2005). *Ciencia y técnica como ideología*. Madrid, Tecnos.

(2018). *Conciencia moral y acción comunicativa*. Frankfurt, Editorial Trotta.

(2018 b). *Aclaraciones a la ética del discurso*. Frankfurt, Editorial Trotta.

Höffe, O. (2012) *Ciudadano económico, ciudadano del estado, ciudadano del mundo*.

Ética política na era da globalização. Buenos Aires: Katz Editores. ISBN

978-84-15917-96-0

Kant, I. (2015) *Fundamentación de la metafísica de las costumbres.* Digitalizado por http://www. .librodot.com.

Moreno, L. (2017) *Del diagnóstico compartido a los acminos de solución.* Santiago, Revista Mensaje N°663, octubre 2017

Ricoeur, P. (2006). *Sí mismo como otro.* México, Siglo XXI.

(2009). *Ética y cultura.* Buenos Aires, Prometeo Libros

Santelices, R. (2019). *Ética discursiva de responsabilidad social de la empresa.* Santiago do Chile, RIL editores.

(2019 b). *Los frutos de la permanencia. Una cooperativa de vivienda en un mercado neoliberal.* Santiago do Chile, editores do RIL.

Taylor, C. (2001). *Multiculturalismo y las políticas del reconocimiento.* México: Fondo de Cultura Económica.

Velasco, E. (2015) *La perspectiva de género en las iniciativas de responsabilidad social. Responsabilidad social de género.* Madrid: Instituto de la mujer para la igualdad de oportunidades

https://www.ica.coop/en/cooperatives/cooperative-identity,(capturada 06.2021)

https://www.genossenschaften.de Genossenschaften in Deutschland,(capturada 06.07.2021)

PRENSA

Diario Financiero (2016). Chile está en una revolución de integridad. Santiago, 8 de marzo, página 12.

Printed by Printforce, United Kingdom